주일학교는 반목회다

주일학교는 반목회다

2012년 6월 20일 초판 인쇄
2012년 6월 25일 1쇄 발행
지은이 한치호
발행인 민태근
발행처 일오삼출판사(등록번호5- 485)
　　　　서울시 중랑구 면목2동 183-92
ISBN 978-89-89236-59-7 03230

값 6,500 원

* 저자 연락처 : H.P 010. 3738. 5307
* 이 책의 판권은 저자에게 있습니다. 저자와의 협약에 의하여 인지는 생략합니다.

한치호 목사 지음

머리말 ::

반목회로 주일학교 사역을 회복하자

솔직히 말해서 지금까지 있어온 주일학교의 사역은 '주일학교 학생'을 만드는 데 그쳤다. 우리가 만난 어린이(또는 청소년) 한 명에게 예수님을 소개해 주어, 그가 주님을 영접하도록 하는 일에 게을렀다. 하나님의 편에서, 주일학교가 그들이 경험할 수 있는 교회라면 그들에게 예수님을 구세주로 영접하게 해야 한다.

교회공동체는 하나님의 나라에서의 삶을 경험하는 자리여야 한다. 그러나 세상은 사악한 영의 지배를 받고 있기 때문에 기독교 신앙을 가진 아이들은 삶의 현장에서 갈등하게 된다. 이들이 경험하는 삶의 문제를 성경과 연결시켜 주어 그들을 온전함에 이르게 하는 것이 교사의 일이다.

가끔 개교회의 주일학교를 방문해보면 구원받지 못한 어린이(또는 청소년)를 쉽게 만난다. 이것은 교사들의 주일학교에서의 사역이 대부분 서술적이고, 지식적인 내용전달에 지나지 않았다는 것을 증명해 준다.

교사의 사역은 언제나 한 명으로부터 시작한다. 아이들과 함께 하는 가운데, 한 명, 한 명과의 삶을 나누는 데서 그들이 그리스도의 장성한 분량에까지 도달하도록 도전할 수 있다. 이 사역은 오직 반목회에 의해서만 달성될 수 있다.

우리는 주일학교에서 그들을 볼 때, 예수님을 구주로 영접해야 하는 대상으로 보아야 한다. 그래서 한 명의 어린이가 구원을 받는 곳이 되어야 한다. 그리고 그들이 주일학교에 모여서 먼저 교회공동체를 경험하고 거기에서 찾아오시는 하나님을 만나야 한다.

교회는 교사들이 아이들을 가르치는 일을 함으로써 교회의 사명에 순종한다. 교회는 예수님의 명령으로 말미암은 사명을 지니고 있다. '가르쳐 지키게 하라' 하신 주님의 말씀은 마땅히 지켜야 할 교회의 사명이다. 이것은 할 수 있으면 하고, 할 수 없으면 하지 않아도 되는 일이 아니다.

교육에 의하여 지상명령에 순종하는 교회는 교육사역을 통하여 자라나는 아이들이 예수님을 닮게 해야 한다. 주일학교에서 이루어지는 교육은 단지 성경을 가르치는 행위에 그치지 않는다. 하나님의 말씀을 배우는 아이들 개개인이 신자가 되게 한다. 그것은 선교를 위한 교육이요, 하나님께 봉사하기 위한 교육이 되도록 한다.

아직도 많은 주일학교에서 어린이(또는 청소년)들은 교사를 향하고 있다. 그들에게는 일반 학교에서 해오던 것처럼, 모두가 교사를 향해서 줄서기를 하는 것 밖에 없다. 한 마디로, 이미 그들에게는 구원받은 영생의 공동체로서의 교회는 없고, 학교만 남아있을 뿐이다.

그렇다보니, 하나님의 자녀로서 마땅히 하나님을 아버지로 고백하면서 경험되어야 하는 '아버지와의 교제'가 없이 주일학교에 다니는 형편이 되고 말았다. 여기에서 아이들이 피해를 보는 것은, 그들이 말씀의 능력을 체험하지 못 하고 만다는 것이다.

우리는 교회에 대한 하나님의 기대를 예수님의 말씀을 통해서 확인할 수 있다. 예수님은 지상의 교회에 두 가지 사실을 위임하셨다. 그것은 우리가 지상명령이라고 부르는 복음의 선포와 주님의 양떼를 돌아보는 것이다. 교회의 경험이 없이, 교리주입식 위주의 교육이 그들에게 있어서 개인의 신앙과 삶 사이의 불일치를 초래하고 말았다.

차례 ::

머리말 | 반목회로 주일학교 사역을 회복하자 … 4

01 사역의 기본, 기도의 사람이 되어라 … 10
02 거듭나도록 돕는 것이 먼저다 … 32
03 축복의 사람이 되어라 … 52
04 공과교수의 패턴을 바꿔라 … 72
05 교회 밖에서의 사역을 시도하라 … 92
06 양육을 위한 상담을 하라 … 112
07 가정을 방문하라 … 128
08 부모를 반목회의 사역에 끌어들여라 … 150

당부하는 이야기 -
출석부를 도고(중보)의 눈물로 적셔라 … 173

사역의 기본, 기도의 사람이 되어라

1. 기도하셨던 예수님 - 기도하지 못하는 우리들

  교사 중의 교사가 되시는 예수님께서는 기도에 힘을 기울이셨다. 그는 3년 반의 시간 동안 일하시기 위해서 30년의 세월을 준비하셨는데, 우리는 이 30년을 예수님께서 기도하신 기간이라고 볼 수 있다. 특히, 우리를 주목하게 하는 것은, 예수님께서 세례를 받으신 다음에 곧 사역을 시작하시지 않고 광야로 나가서서 40일 동안 기도하셨다는 사실이다. 이 기도는 그의 사역에 밑바탕이 될 영적인 준비다.

  그밖에도 예수님은 늘 기도하셨다. 그는 복음을 전파하기 전에 새벽기도로 자신의 사역을 준비하셨다. 예수님은 기사와 이적을 행하실 때도 먼저 기도부터 하셨다. 그는 기도로 시작하고 기도 안에서 일하셨다. 바울 사도는 '맡은 자가 구할 것은 충성'이라고 하였는데, 충성하기 위해서는 기도가 필수적인 일이다.

  우리는 어린이(또는 청소년)들을 이끌어 주기 위해서 기도해야 하겠고, 교수 - 학습의 진행을 위해서 기도해야 한다. 우리가 다루는 가르침은 생명을 살리는, 생명과 관계있는 사역인 만큼 기도해야 한다. 우리는 누구나 기도해야 함을 알고 있다. 그럼에도 불구하고 기도를 제대로 지속하지 못하고 있다.

우리는 기도하지 않았던 때가 있다. 어느 때는 급한 마음으로 공과의 내용만 살펴서 아이들에게 성경 이야기를 들려 준 경우도 있었을 것이다. 그러면, 왜 기도하지 못하는가? 기도를 방해하는 요소들을 명확히 찾아내어 제거시켜야 한다. 그래서 늘 기도하는 습관을 지속시켜야 한다.

1) 분주함

교사들이 기도하지 못하는 이유들은 대개 분주함 때문이라고 할 수 있다. 어쩌면 마르다처럼 '준비하는 일이 많아 마음이 분주해서' 기도할 틈을 얻지 못하고 있다.

우리가 살아가는 이 세상은 참으로 분주하다. 해도 해도 또 해야 할 일들이 산적해 있다. 우선 살아가야 할 일차적인 문제의 일들로 분주하고 취미라든가 친구들과의 교제 등으로 바쁘다. 성경에서 묘사하고 있는 바와 같이 "농사짓기에 분주하고 가축을 기르기에 바쁘며, 시집가고 장가가는 일에 머리를 쏟아" 다른 것을 미처 생각하지 못하는 것이다. 아침에 일어나서 잠자리에 들기까지의 하루를 살피면 너 나할 것 없이 모두들 여러 가지 일과에 매여 있는 것을 알게 된다.

그런데, 문제는 그러한 일들 속에 기도가 포함되어 있지 않다는 사실이다. 참으로 바쁘다는 핑계로 기도하지 않는 사람은 그에게 혹시 한가해진다고 해도 기도하지 않는다. 그때는 그때대로 이유가 따르기 마련이다. 따라서 세상의 일에 너무 마음을 두지 말고, 기도하는 한적한 시간을 갖도록 힘써야 한다.

2) 게으름과 피곤함

교사들이 기도하지 못하는 또 하나의 이유는 게으름과 피곤 때문이라고 할 수 있다. 아침에 조금만 일찍 일어나도 기도할 수 있을 텐데, 그렇게 하지 못하고 있다. 오늘을 살아가는 사람들은 모두 피곤해 한다. 삶의 구조가 사람을 피곤하게 만든다. 사람은 피곤하면 자야 한다.

겟세마네 동산에 오르신 예수님께서는 그의 사랑하시는 제자들에게 시험에 들지 않도록 깨어 기도하라고 하셨다. 그럼에도 불구하고 제자들은 기도하지 못하고 잤다. 그들은 한 시간 동안도 깨어 있을 수 없었다. 그들은 눈이 피곤해서 잤던 것이다.

마귀는 교사들을 피곤으로 유도한다. 교사들로 하여금 피로한 생활을 하도록 해서 기도를 방해하는 것이다. 마귀가 생활을 분주하게 하고, 교사들은 당연히 그의 사역을 위해 기도해야 하는데도 그렇게 하지 못하고 있다. 그러므로 우리는 필요 없는 일에 너무 분주하지 않도록 해야 한다. 주님께서 말씀하셨다. "너희는 한적한 곳에 와서 잠깐 쉬어라." 쉼은 바로 기도의 촉진제가 될 것이다.

2. 교사의 기도 - 자신에 대하여

사역을 준비하면서 교사는 무엇을 간구해야 할 것인가? 우리들이 구할 내용들은 많이 있지만, 생명을 맡은 교사로서 반목회와 관련하여 특히 기도할 사항은 무엇이겠는가?

1) 죄의 고백

거룩하지 못한 자신을 깨끗하게 하기 위해서 죄를 자백하고 그리스도의 사유하심을 받아야 한다. 이사야 선지자는 자신이 망하게 되었다고 한탄하였으며(사 6:5), 바울 사도는 자신을 가리켜 죄인 중의 괴수라는 표현을 썼다(딤전 1:15).

교사들은 세상에 속해 살기 때문에 죄를 짓게 된다. 아무리 거룩한 행실을 하려고 해도 구조적으로 악한 세상에 있으므로 행하려는 선보다는 악에 떨어지는 일이 많게 되는 것이다. 그래서 죄의 고백으로 우리는 늘 하나님 앞에서 사죄의 은총을 받고 심령을 새롭게 해야 한다.

그러므로 우리는 다윗을 따라 이렇게 간구해야 한다: "내 모든 죄악을 도말하소서, 하나님이여 내 속에 정한 마음을 창조하시고 내 안에 정직한 영을 새롭게 하소서"(시 51;9,10).

자신이 죄인임을 고백하고 용서를 구해서 심령을 새롭게 해야 한다. 그리하여 거룩함을 회복하고, 깨끗해진 심령의 눈으로 성경을 연구해서 공과의 지도를 준비하고, 그들을 목회하는 데 필요한 것들을 준비해야 한다.

2) 믿음을 위한 간구

교사의 믿음은 그가 교수하는 학습자들에게 그대로 전달된다. 어린이(또는 청소년)들은 교사의 믿음 분량만큼 신앙을 소유하게 된다. 우리가 믿음이 충만할 때, 그 믿음으로 성경진리를 이해하고, 그것을 아이들에게 가르쳐 줄 수 있게 된다.

하나님의 비밀은 신령한 눈으로만 볼 수 있다. 교사가 믿음이 충만하지 못하고 지성적으로만 호소하게 될 때, 성경진리를 발견 할 수 없다. 그는 한낱 문자적으로 성경을 이해할 뿐이다.

교사는 그 누구보다도 믿음의 사람이어야 한다. 그가 다루는 교재가 믿음의 가르침이요, 믿음의 진리이므로 믿음에 바로 서야 하는 것이다. 따라서 우리들은 이렇게 기도해야 한다: "내가 믿나이다 나의 믿음 없는 것을 도와주소서(막 9:24). 교사가 믿음이 충만해서 성경을 연구할 때 진리에 대한 확신이 있게 된다. 이 확신은 교수 - 학습의 진행에 있어서 분명한 가르침이 되도록 한다.

3) 능력을 위한 간구

어린이(또는 청소년)들이 교회에 모여서 성경을 공부하는 것은 사람의 지식으로만 할 수 없는 일이다. 그들에게 말씀을 가르치고, 하나님의 자녀로 온전함에 이르도록 이끌어 주는 사역 역시 사람이 알고 있는 지식이나 수단에 의해서 이루어지지 않는다.

하나님의 일 자체가 성령님을 요청하고 있으므로 성령님의 지혜, 성령님의 감동으로 말씀을 가르치고 배워야 한다. 초대 교회의 사도들이 기도를 다했을 때, 그들에게 성령님의 충만함이 임하여서 담대하게 하나님의 말씀을 전하였다.

이와 같이 우리는 자신의 지식, 지혜, 방법보다는 하나님의 신(성령님)에 의지해서 수업에 임할 수 있도록 기도해야 한다. 우리는 능력이 있게 하나님의 일을 하고, 교사로서의 사명감당을 위해 간구해야 하는 사람들이다. 누구보다도 골방을 가까이 하고 성령님의 충만함을 기다리는 기도의 사람들이 되어야 한다.

3. 양무리를 위한 기도(1) - 성장에 대하여

우리는 에베소서 1:15 - 24에서, 바울이 에베소 교회를 위하여 간구하는 내용을 볼 수 있다. 이것은 에베소 교회의 성도들을 위한 도고인데, 교회를 목양하는 목자의 기도다. 이 기도문은 분반의 사역자들이 어린이(또는 청소년)들을 위하여 무엇을 기도하는가를 확인하게 해준다.

교사의 사역에 있어서, 가장 큰 힘이 되는 것은 기도다. 사도 가 옥중에서의 어려웠던 생활과 가택연금의 상태에서도 복음을 전하고 사명을 감당 할 수 있었던 힘은 기도에서 나왔다. 바울이 에베소 교회를 향하여 그들의 성숙을 바라보고 간구하였듯이 우리도 그렇게 해야 한다.

그러면, 바울이 간구하였던 것을 구체적으로 살펴보자.

1) 하나님을 알게 하기 위한 기도

하나님을 아는 것은 인간의 지혜나 학문으로 되는 것이 아니다. 그 이유는, 하나님은 영이시기 때문이다(요 4:24). 어린이(또는 청소년)들에게 있어서, 그들이 하나님을 아는 것은 가장 큰 영적인 복이다. 기독교는 처음부터 하나님께서 지혜와 계시의 정신을 주심으로써 하나님을 알게 했던 종교다. 마태복음 16:7에 보면, 베드로의 신앙고백을 듣고 주님은 칭찬하시면서도 "이를 알게 한 이는 혈육이 아니요 하늘에 계신 내 아버지시니라" 하셨다.

사람에게는 세 가지 종류의 눈이 있다고 한다.
- 먼저, 자연을 볼 수 있는 육적인 눈
- 또한, 학문적인 눈, 혹은 이성의 눈을 가지고 있다. 이를 통하여, 생각을 하고 학문을 익혀 나간다. 그러나 육적인 눈이나 학문적인 눈을 가지고는 세상밖에 볼 수 없다.

- 한 걸음 더 나아가, 영혼의 눈, 마음의 눈이 있다.

우리가 진리의 세계, 영의 세계를 알려면 마음의 눈이 밝아져야 한다. 영혼의 눈이 어두운 사람은 삶에 참 소망이 없다. 마음의 눈이 어두웠던 막달라 마리아는 부활하신 예수님이 옆에 서 계셨으나 슬퍼하였다. 눈이 밝아진 후에는 부르심의 소망이 무엇인지 알게 된다.

소망의 대상은 예수 그리스도이시다. 우리의 영의 눈이 어두울 때, 우리는 행복하지 못하다. 그 이유는 소망도, 기업의 풍성함도, 그의 능력도 보지 못하기 때문이다.

2) 마음의 눈을 열기 위한 기도

하나님의 자녀의 삶에 있어서, 제일 어려운 작업이 무엇이냐 한다면 하나님께 대하여 자신이 마음의 문을 여는 것이다. 그 자신이 하나님을 향해서 마음이 열리지 않으면 신앙생활을 하기가 어렵다. 그것은 신앙의 자리가 내 자신에게 있기 때문이다.

신앙생활은 나 아닌 다른 이들의 힘으로 되어 지지 않는다. 누군가가 나를 위하여 기도해 주는 것으로 살고 있다는 착각을 버려야 한다. 만일 내게 믿음이 모자란다면 시험이 오기 쉽다.

우리에게 마음의 눈이 필요한 이유가 무엇인가? 마음의 눈에는 하나님의 뜻을 밝히 알아보는 능력이 있기 때문이다. 마음의 눈이 밝아지게 되면, 이전까지 제 고집과 제 주장을 따라서 살았다고 할지라도, 그 순간부터는 주님의 뜻이 무엇인지를 알아차리게 된다.

열왕기하 6:14 - 17을 보라. 아람 군대가 이스라엘을 포위했을 때, 마음의 눈이 어두웠던 게하시는 두려워 죽을 지경이었으나, 마음의 눈이 밝은 엘리사는 소망 중에 걱정이 하나도 없었다.

어린이(또는 청소년)들은 마음의 눈을 밝히 떠서 하나님의 부르심에 응답해야 한다. 그리할 때, 그들에게 풍성한 기업의 영광을 약속하셨다. 기업이라는 말을 다른 말로 하면 '상속' 이다. 지혜와 계시의 정신으로 하나님을 알고 마음의 눈을 밝히 떠서 부르심의 소망을 알 때, 그들에게 약속하신 것이 '그 기업의 영광의 풍성함' 즉 '하나님의 상속' 이다.

바울은 지금 '너희가 하나님의 상속자라는 것을 분명히 알라' 고 기도하였다. 우리는 모두 하나님의 상속자다. 그러므로 우리는 그리스도를 위해 잠시 잠깐 받은 '환난의 작은 것' 에 두려워 말고, 지극히 영광된 기업을 볼 수 있는 마음의 눈이 있어야 한다.

3) 교회를 아름답게 섬기기 위한 기도

어린이(또는 청소년)들은 교회에 대한 사랑을 가져야 한다. 주님의 교회에 소속되어 있다는 사실에 그들은 자부심을 가져야 한다. 성도의 제일 되는 재산은 건물이 아니고 신앙의 재산이다.

개인의 삶이 잘 되려면 교회생활을 잘 해야 한다. 사회와 나라가 번영하고 안정되려면, 그 사회나 국가에서 예수님의 교회가 부흥되어야 한다. 영국이 해가 지지 않는 나라라고 일컬어질 때는 빅토리아 여왕 때를 위시하여 하나님 중심, 성경중심, 교회중심으로 살아갈 때였다.

그런데, 세계에 그렇게 많던 식민지를 다 빼앗기고, 해가 지는 나라가 된 것에는 이유가 있다. 한때, 영국의 부모들에게는 다음과 같은 말이 있었다. '가장 똑똑한 아들은 해군으로 보내고, 둘째 똑똑한 녀석은 육군으로 보내고, 가장 머저리 같은 녀석은 신학교로 보내라' 라는 것이었다. 그때부터 영국은 기울기 시작했고, 해가 지는 나라가 되었다.

우리는 교회를 잘 섬겨야 한다. 그것이 어린이(또는 청소년)들이 복 받고, 그들의 가정과 민족이 사는 길이다.

4. 양무리를 위한 기도(2) - 성숙함에 이름에 대하여

골로새 교회는 에바브라가 당시, 교회에 침투한 혼합주의적인 이단들의 위험성에 놓여 있었다. 그래서 그 이단에 대항하도록 하기 위해서 바울은 이 서신을 쓰게 되었다. 사도는 투옥 중에, 에바브라를 통하여 골로새 교회가 예수님께 대한 믿음과 성도에 대한 사랑과, 하늘에 쌓아 둔 소망으로 자라 가고 있다는 소식을 들었다(1:5, 8).

이 기쁜 소식을 들은 그날부터 바울과 그의 동역자들은 골로새 교회를 위하여 기도하기를 그치지 않고 있었다. 바울은 이 편지를 시작하면서,

먼저 성도들을 위해서 간구하는 자신에 대하여 말하였다. 그칠 줄 모르는 그의 기도는 다음과 같은 것이었다.

1) 하나님의 참 뜻을 알기를 원하는 기도

바울은 로마서 12:2에, "너희는 이 세대를 본받지 말고 오직 마음을 새롭게 함으로 변화를 받아 하나님의 선하시고 기뻐하시고 온전하신 뜻이 무엇인지 분별하도록 하라"고 하였다. 골로새 교회의 성도들은 세상의 사리에도 밝아야 하지만 특히 하나님의 뜻을 바르게 알아야 하였다. 그래서 그는 이렇게 간구하였던 것이다.

하나님의 뜻을 아는 것은 신령한 지혜와 총명에 의해서만 가능하다. 그것은 경험적인 산 지식을 가리킨다. 사도의 골로새 교회를 향한 기도의 본질과 최대 목적은 저들이 하나님의 뜻을 아는 것이라고 하였다. 그렇다면 교사의 학생들을 향한 기도는 하나님이 우리에게 귀를 기울이시게 하는 것보다, 그들이 하나님께 귀를 기울이는 것이어야 한다.

기도 중에 우리가 원하는 것을 하나님께 강요하는 것이 아니라, 하나님이 우리에게 원하고 계시는 것이 무엇인가를 찾고, 구하는 것이 되어야 한다.

2) 하나님의 뜻에 합당히 행하기를 원하는 기도

골로새서 1:10 - 11에, "주께 합당히 행하여 범사에 기쁘시게 하고 모든 선한 일에 열매를 맺게 하시며 하나님을 아는 것에 자라게 하시고, 그 영광의 힘을 좇아 모든 능력으로 능하게 하시며 기쁨으로 모든 견딤과 오래 참음에 이르게 하시고"라고 하였다.

주께 합당하게 행한다는 말은 그 행로의 목적지가 어디이고, 동행자가 누구이고, 유숙소가 어디인지 등에 관계되는 말이다. 하나님의 뜻을 깨달은 사람은 그 하나님의 뜻을 자신의 인생 여로에서 행동으로 나타내는 사실을 가리킨다. 말하자면 기도의 실제화, 기도의 행동화다. 기도의 현실화, 기도의 생활화다.

사도는 본문의 기도를 통하여, 하나님의 뜻을 깨닫고, 합당하게 행동하면 범사에 하나님을 기쁘시게 한다고 하였다. 우리는 사도의 골로새 성도들을 사랑하는 기도를 본받아, 우리의 양무리가 하나님 앞에서 생각하고, 행동하며, 살아가기를 기도해야 한다. 그렇게 되어, 그들이 선한 일에 열매를 맺는 복을 받는 삶이 되도록 해야 한다. 이를 소망하면서 기도하자.

3) 하나님 아버지께 감사하기를 원하는 기도

골로새서 1:12에, "우리로 하여금 빛 가운데서 성도의 기업의 부분을 얻기에 합당하게 하신 아버지께 감사하게 하시기를 원하노라"고 하였다. 이것은 사도가 골로새 교회를 향하여 그칠 줄 모르고 올리는 기도의 궁극적 목적이다.

성도의 올바른 성숙은 하나님 아버지께 감사하는 삶에서 이루어진다.

왜 아버지 하나님께 감사해야 하는가?

첫째로, 성도들에게 하늘의 기업을 상속으로 주신 아버지이시기 때문이다. 그 기업은 빛 가운데서 얻어지는 기업이고, 이것은 예수님 안에서 우리가 천국을 상속받을 복이다.

둘째로, 우리(죄인)를 그의 사랑하는 아들의 나라로 옮겨 주신 아버지이기 때문이다. 다시 말하면, 사망에서 생명으로 옮겨간 것이고, 유한적인 삶에서 무한적으로 사는 삶으로의 이동이다. 그리고 마귀의 종이었던 신분에서 하나님의 자녀로 옮겨주셨다.

사도의 골로새 교인들을 위한 기도가 하나님의 뜻을 아는 기도였으니 우리도 그렇게 간구해야 한다. 그리고 하나님의 뜻을 깨달은 다음에 그 하나님의 뜻에 합당한 행동적 역사가 있기를 기도하자. 어린이(또는 청소년)들에게 하늘의 기업을 주시고, 그 아들 예수로 말미암아 우리에게 엄청난 구원 곧 생명의 옮김을 주신 하나님께 감사하기를 기도하자.

교사가 다루는 것은 교사용 교재인 공과지만. 근본적으로 우리가 가르쳐야 하는 것은 어린이(또는 청소년)들이다. 바울에 따르면, 이 성경에 대하여 정의하기를 하나님의 감동으로 된 책이라고 하였다.

"모든 성경은 하나님의 감동으로 된 것으로..."(딤후 3:16 상반절)

성경은 어떤 이론이나 역사의 기록이 아니라, 하나님의 기록이다. 다시 말해서 하나님께서 인류와 함께 하심에 대한 기록으로서 인간의 언어로 쓰여 졌지만 거기에는 '하나님의 감동'이 내재되어 있다.

5. 성령님의 인도를 사모하라

교사는 공과를 가르치는 사람이 아니요, 반목회를 통해서 사람을 인도하는 하나님의 일꾼이다. 그러므로 그는 자신을 좋은 일꾼으로 준비하기 위해서 기도하는 일과 더불어 성령님께 대하여 관심을 가져야 한다. 스스로 성령님의 인도를 받는 일에 기꺼이 무릎을 꿇어야 한다. 성경을 가르치겠다고 교안을 마련하며, 이상적인 지식을 동원하기에 앞서 성경과 성령님의 관계를 이해하고 성령님의 뜻을 좇아야 한다.

성령님은 전통적으로 삼위일체이신 하나님 한 분으로 간주되어 왔다. 이 삼위는 서로 다른 세 인격을 지니고 계신다. 이 삼위의 하나님은 창조자이신 성부 하나님과 구속자이신 성자 예수님과 보혜사이신 성령님이라고 불린다. 그러나 이 삼위는 서로 서로의 일에 언제나 연관되어있기 때문에 우리는 하나님을 유일하신 하나님이라고 부른다.

성령님은 곧 하나님의 영, 그리스도의 영이라고도 한다. 따라서 성경 여기저기에는 하나님의 모습이 삼위일체로 표현된 곳이 많이 있다(창

1:26, 마 3:15, 28:19, 요 5:19, 14:16, 26, 15:26, 17:4, 고후 13:3, 갈 4:6 등).

성경을 보면, 성령님은 하나님이 이 지구상에 임재하시는 그곳에 나타난다고 하였다. 사실, 눈에 보이지 않는 하나님이 영으로서가 아니면 어떻게 현존할 수 있고, 또 경험될 수 있겠는가?

우리가 반목회의 현장에서 다루고자 하는 것은 근본적으로 하나님의 말씀인 까닭에 메릴 엉거Merrill F. Unger의 권면에 귀를 기울여야 한다. 엉거는 하나님의 말씀을 가르치려는 이에게 영적인 것보다 더 중요한 필요조건은 없다고 하였다. 우리가 성경을 가르치는 일에 앞서 우리의 성경 이해가 본질적인 것이기 때문이다. 성령님이 성경을 쓰도록 하셨으므로 성령님의 도움내지 인도없이는 그 누구도 성경을 이해할 수 없다.

우리는 기억하고 있어야 한다. 하나님의 책은 그 책의 신적 저자가 되는 성령님의 '가르치는 사역'을 통해서만 이해될 수 있다는 것이다. 엉거의 보충설명처럼 "말씀을 감동하신 분만이 그 말씀의 뜻을 그 말씀을 가르치는 이에게 밝히 알려 줄 수 있다."

교사가 성경교재를 준비하는 데는 선행조건이 있는데, 그것은 성경책의 뚜껑을 여는 일이 아니라 성령님의 가르침을 기대하는 일이다. 교사는 반드시 하나님의 말씀을 '그 저자의 편에서' 이해해야 한다. 자신의 이성과 지식의 눈으로 읽어서는 안 된다. 성령님의 가르침으로 말씀의 한 구절과 각각의 낱말들을 이해해야 하는 것이다.

성령님의 가르침이 없이 하나님의 말씀을 이해한다는 것은 불가능한 일인가? 그렇다. 성령님만이 하나님의 일을 알고, 성령님만이 하나님의 일들을 가르칠 수 있다. 교사는 성령님의 인도로 성경을 이해해야 할뿐더러 또한 성령님의 가르치심을 받아 그것을 그대로 아이들에게 가르쳐야 한다. 이 일에 있어서 사도 바울은 위대한 스승이 된다.

> "이와 같이 하나님의 사정도 하나님의 영 외에는 아무도 알지 못하느니라"(고전 2:11 하반절).
> "우리가 이것을 말하거니와 사람의 지혜의 가르친 말로 아니하고 오직 성령님의 가르치신 것으로 하니"(고전 2:13).

우리는 자의로 공과를 마련해서는 안 된다. 교사는 성령님의 가르침을 받아 교안을 준비하고, 성령님의 가르침을 받은 대로 '교수 - 학습'을 진행해야 한다. 예수님께서는 이른바 '다락방 강화'라고 일컫는 요한복음 16장에서, 제자들에게 성령님의 가르치심을 좇으라고 말씀하셨다. 교사들은 바로 여기에 주의를 기울여야 한다.

성령님은 기독교 교육의 한 요소일 뿐만 아니라, 어린이(또는 청소년)들의 영혼에 파고드는 교재를 준비하도록 - 산 교재 - 이끌어 주는 힘이다. 성령님만이 우리의 반목회를 활력 있게 해 준다. 성령님은 우리의 공과준비에 있어서 원동력인 것이다. 교사가 성령님께 이끌리고, 성령님의 인도하심에 순종할 때, 그는 말씀의 '새로 봄'을 체험하고 생명을 살리는 진리공과를 마련할 수 있게 된다.

1) 성령님의 조명

조명이란 밝게 비춘다는 것인데, 성령님은 교육과 관련해서 '영적으로 깨닫게' 한다. 그리고 성경을 읽을 때, 읽는 이들에게 구원의 지식을 불어넣어 준다. 성령님의 조명사역이 없이는 성경의 깊은 뜻을 통달할 수 없는 것이다.

성경의 본문을 이해하고, 그 말씀에서 그리스도의 구원을 발견하여 어린이(또는 청소년)들에게 그리스도를 만나도록 해야 하는 교사는 어떤 직무의 사람들보다 성령님의 조명 사역에 순종해야 한다. 그는 성령님의 조명으로 말씀을 바로 이해해야 한다.

우리들은 죄로 말미암아 총명이 어두워 졌다. 그 결과 하나님의 계시 곧 일반 계시나 특수 계시를 제대로 이해할 수 없게 되었다. 로이 주크Roy Zuck의 표현대로 "하나님의 외부적이며 객관적인 계시를 받을 수 없게" 된 것이다. 이 사실은, 하나님의 말씀은 조금도 불완전한 것이 없는데 우리의 눈에는 성경의 어느 부분이 모순처럼 보이고 있다는 것이 증명해 준다. 우리에게 부족함이 있고, 우리에게 결점이 있어서 성경진리를 이해하지 못할 뿐인 것이다.

성령님께서는 사람의 머리와 마음에 역사하신다. 그래서 이미 계시된 하나님의 말씀의 진리를 이해할 수 있도록 도우신다. 성령님의 조명이란 바로 마음의 눈이 밝아져서 성경을 깨닫게 되는 일이다. 더 나아가, 성령님의 조명사역은 우리로 하여금 진리를 깨닫는 동시에 영접해서 자신의 삶에 적용할 수 있게 하신다.

바꾸어 말해 이해된 진리를 받아들이게 하신다. 따라서 우리들에게 있어서 성령님의 조명 사역은 성경의 뜻을 알도록 해주며, 그 진리를 받아들일 수 있도록 설득하는 것이 된다.

말씀의 뜻을 깨닫고, 그 말씀이 내게 향하신 하나님의 말씀이라는 사실을 인식하는 일은 교사에게 있어서 중요한 일이다. 그것은 이 '인식'이 교사들에게 더욱 열심히 말씀을 가르쳐야 하겠다는 도전을 주기 때문이다. 그리고 영적인 면에서 자신이 담임하고 있는 어린이(또는 청소년)들에 대하여 안타까움이 불일듯해서 가르치는 사역에 마음을 다하도록 부추기는 것이다.

성경을 읽고 따르는 모든 성도에게는 성령님의 조명이 필요하다. 더군다나 양무리를 인도하며, 말씀을 가르치는 직무를 맡은 우리는 누구보다도 힘을 기울여 성령님의 조명을 의지해야 한다. 우리가 바리새인이나 사두개인들처럼 머리로만 말씀을 이해하면서 마음으로 받아들이지 않는 사람이 되지 않기 위해서는 성령님의 조명을 받아 성경진리를 수용해야 할 것이다.

바울은 성경을 머리로만 알고 있는 이들에 대해 육에 속한 자들이라고 하였다. 그는 고린도전서 2:14에서 육에 속한 이들은 하나님의 성령님의 일을 받지 못한다고 하였다. 그러므로 우리는 어떻게 해야 하겠는가?

마음의 눈이 밝아지기를 기도해야 하겠다. 다윗처럼, "내 눈을 열어서 주의 법의 기이한 것을 보게 하소서"라고 기도하여 성령님의 조명에 의지해야 할 것이다. 우리의 눈이 열려서 말씀에 들어 있는 진리를 인식하고 진리의 빛을 받아들여야 한다.

2) 교육에 있어서의 성령님의 사역

ㄱ. 교훈하시는 성령님

세상은 진리의 영을 받지 못하고 알지도 못하지만 성령님이 우리 안에 거하시며, 영적인 진리의 영역에 포함되어 있는 하늘나라의 가르침 전부를 알 수 있도록 교훈해 주신다.

성령님은 교사들에게 사람의 지혜로 가르치시는 것이 아니라 영의 가르치는 말로 교훈해 주신다. 교사가 성령님께 붙잡혀 있을 때, 성경의 교훈을 바르게 받을 수 있다.

ㄴ. 기억하게 하시는 성령님

성령님은 제자들에게 예수님께서 생전에 하셨던 말씀들이 다시금 생각나게 하셨다. 예수님의 제자들은 성령님의 회상케 하시는 능력으로 복음서를 정확무오하게 기록할 수 있었다. 뿐만 아니라 초대교회의 여러 사역자들도 성령님의 기억하게 하시는 사역으로 무오하게 복음사역을 할 수 있었다.

바로 여기에, 우리는 주의를 기울여야 한다. 오늘날 교사들은 예수님으로부터 직접 말씀을 듣지는 아니했어도 성령님의 사역으로 예수님의 말씀을 깨닫게 된다. 성령님은 교사들이 말씀을 읽고 묵상할 때, 진리를 가르쳐 주신다. 오늘의 교사들은 예수님께로부터 직접 말씀을 듣지 못해 회상에 대한 동참은 할 수 없겠지만, 기록된 말씀들을 통해서 성령님의 도움으로 회상하게 된다.

ㄷ. 인도하시는 성령님

안내자가 여행하는 이들을 어떤 곳으로 인도하는 것처럼 성령님께서는 우리를 말씀의 세계로 인도하신다. 예수님께서 이렇게 말씀하셨다. "그러하나 진리의 성령님이 오시면 그가 너희를 모든 진리 가운데로 인도하시리니"(요 16:13 상반절).

우리의 반목회를 섬기는 일이나 성경을 읽고, 공과지도를 준비하는 일에는 안내자를 필요로 한다. 우리가 섬기려는 사역은 하나님의 일이기 때문에 성령님의 인도를 따라야 한다.

더욱이 성경은 문자로 된 일반 책들과 달라서 진리를 안다든지 이해하기 위하여 안내자가 있어야 한다. 교사가 성경을 읽을 때는 인도하시는 성령님의 지시를 구해야 한다 우리는 성령님의 인도하시는 안내를 받아 성경의 세계로 들어가야 할 것이다.

거듭나도록
돕는 것이
먼저다

02

우리 주 예수님께서는 아이들을 팔에 안으시고 그들의 머리 위에 손을 얹어 그들을 축복하여 주셨다. 그렇다면, 어린이(또는 청소년) 사역자들인 우리에게는 예수님께서 어린이들을 사랑하신다는 사실을 전해 주어야 할 책임이 있다. 그러므로 주일학교의 현장에서 분반활동을 하기 전에, 그들을 예수님께로 이끌어야 하는 권리가 있다.

죄로 말미암아 죽음에 처해진 한 명의 어린이(또는 청소년)에게 예수님의 사랑을 전해 주어야 한다. 이 일을 위하여 하나님께서 우리를 교사로 부르셨다. 이 땅의 모든 아이들은 파멸된 상태에 놓여 있다. 성경은 그들의 영혼이 파멸 상태에 놓여 있다고 선고한다(롬 3:23).

분반을 사역하면서 우리는 먼저 그들에게 예수님의 사랑을 전해야 한다. 주일학교 공동체는 사역의 제일이 되는 목적을 하나님의 사랑을 전하는 일에 두어야 한다. 그것은 복음을 전하여, 그들을 멸망으로부터 구원해 내는 것이다.

또한, 구원받은 그들이 하나님의 사람으로 자라가도록 도와야 한다. 이 땅의 어린이(또는 청소년)들에게 예수님의 사랑을 전해 주는 일은 교회가 해야 될 일이다. '만민에게 복음을 전파하라' 주님의 말씀에 순종하여 아이들에게로 가야 한다. 그래서 누구든지 예수님을 구세주로 영접하면서 자신의 죄를 고백하면 구원함에 이른다는 사실을 선포하자. 우리가 진실로 나에게 맡겨진 양무리를 사랑한다면, 그들에게 좋은 소식이 전해지는 환상을 품어야 한다.

1. 구원사역을 디자인하라

교회 공동체에 들어 온 어린이(또는 청소년)들이 신자로서 '스스로'의 삶을 살아갈 수 있게 판을 벌여주는 것이 교사들과 주일학교 시스템의 목표여야만 한다. 그들이 소란을 피우지 않고, 공과학습 시간이 조용하다고 만족해하지 말라! 오히려 조용한 것은 병이 깊어가고 있다는 증거다.

우리는 통조림 공장의 채워 넣기의 수업 같은 '교사의 일'을 이제는 그만두어야 한다. 얼마나 많은 교사들이 자신의 경험이나 지식이라는 '족보'에 매달려 어린이들을 대하고 있는지 아는가?

그들의 마음에 활기와 자신감을 채워주기 위해서 무엇보다 필요한 것은 개인적인 영혼에 대한 인식이다. 교회공동체의 따뜻한 사랑과 격려, 교사와 또래로부터 받는 이해와 존중이다. 그들의 장점을 찾아 인정해주는 교회공동체, 그들의 그대로의 모습을 비판 없이 받아들여 주는 너그러운 주일학교를 만드는 것이 교사들의 거룩한 사명이다.

- 교사강습회에 초청을 받아 강의하는 자리에서 영적인 야구 경기의 개념을 교사들에게 설명해 주었다.

*1루: 구원에로 초대되어야 하는 단계
- 주일학교에는 출석하였으나 아직도 예수님과 관계를 맺고 있지 않은 어린이

*2루: 자신을 포기하면서 살아가야 하는 단계
- 주일학교는 어릴 때부터 다녀서, 예수님을 구세주로 영접하였으며, 죄를 고백한 체험도 있고, 성경을 잘 알지만 자기중심적으로 살아가는 어린이

*3루: 말씀에 순종하며 살아가는 단계
- 주님의 제자가 되어서, 자신을 기쁘게 헌신하였으며, 세상에서의 자신의 사명을 깨달아 살아가기를 좋아하는 어린이

*홈: 다른 사람을 제자로 만드는 단계
- 주일학교를 통한 신앙생활의 궁극적인 목표지점

2. 그들에게 들려져야 할 복음의 메시지

전도자가 어린이(또는 청소년)들에게 들려줄 것은 복음이다. 그것은 하늘과 땅을 지으셨고, 아이들을 새 생명으로 태어나게 하시는 하나님의 말씀이다. 복음의 메시지는 '그리스도께서 우리의 죄를 위하여 죽으셨으며, 우리를 위하여 다시 살아나셨다' 는 것이다.

우리가 복음의 제시에 사용해야 할 몇 가지 핵심이 여기에 있다.
첫째, 구원은 하나님의 선물이며, 하나님의 사랑이 인간에게 부어진바 된 것임을 아는 것이 중요하다. 대부분의 어린이(또는 청소년)들은 "하나님은 사랑이심이라"라는 구절이나 "하나님이 세상을 이처럼 사랑하사 독생자를 주셨으니 이는 저를 믿는 자마다 멸망치 않고 영생을 얻게 하려 하심이니라"라는 구절은 외운다. 하나님께서는 모든 사람에게 구원의 손길을 뻗치셨음을 강조하라.
둘째, 그들이 알아야 할 사실은 죄가 하나님과 그들 사이에 해결할 수 없는 간격을 만들었다는 사실이다. 많은 성경 구절이 이것을 말한다. "대저 우리는 다 부정한 자 같아서 우리의 의는 다 더러운 옷 같으며 우리는 다 쇠패함이 잎사귀 같으므로 우리의 죄악이 바람 같이 우리를 몰아가나이다"(사 64:6) 와 "모든 사람이 죄를 범하였으매 하나님의 영광에 이르지 못하더니…"(롬 3:23). 이 두 구절은 이 사실을 아주 분명하게 말하고 있다. 대부분의 십대 그리스도인들은 자신들은 죄인이며, 따라서 하나님의 온전하심에 미칠 수 없음을 이미 알고 있을 것이다.

또한, 그들은 하나님께서 인간의 죄를 위하여 예수님을 보내 주신 것을 알아야 한다. 그의 삶, 죽음, 부활과 승천은 하나님과 인간 사이의 중보자가 되시는 그의 능력을 나타낸다. 예수님께서 "내가 곧 길이요 진리요 생명이니 나로 말미암지 않고는 아버지께로 올 자가 없느니라"(요 14:6)라고 말씀하셨다. 예수님께서 자신의 생명을 희생하심으로써 그들이 하나님과 화목을 누리는 사실을 서로 나누라.

사실상, 많은 아이들이 이 사실을 알고 있지만, 예수님과 관계를 맺고 있지 않다. 사도 요한은 "오직 이것을 기록함은 너희로 예수께서 하나님의 아들 그리스도이심을 믿게 하려 함이요, 또 너희로 믿고 그 이름을 힘입어 생명을 얻게 하려 함이니라"(요 20:31)라고 기록하였다. 예수님의 하신 일에 대한 지식적인 동의 이상의 것을 고백해야 한다는 것을 그들이 확실히 알게 해 주어야 한다. 즉 그들은 예수님을 개인적으로 영접해야만 한다.

어떤 어린이(또는 청소년)들은 그리스도를 그들의 삶 속에 영접하기를 원한다. 그들의 요구에 언제나 민감해질 수 있도록 깨어 있으라. 그들과 함께 기도하면서 그들이 주님을 영접하도록 도와주라. 그러나 우리의 노력이 거기에서 끝나서는 안 된다. 영접한 후에도 그들의 성장을 도와주어야 한다.

그들에게 전해져야 하는 메시지의 핵심은 다음과 같다.

ㄱ. 복음의 핵심: 예수 그리스도

우리가 어린이(또는 청소년)들에게 들려주어야 하는 복음은 예수 그리스도이시다. 예수님만이 복음을 전하는 대상에게 제시하고 설명해 주어야 할 메시지다. 예수님은 우리를 영원한 생명으로 이르게 하신다. 복음은 예수님께서 우리를 위하여 십자가를 지심으로써 죽으셨다는 사실이다.

ㄴ. 로마서 3:23의 메시지

우리는 구원받고자 하는 어린이(또는 청소년)에게 로마서 3:23을 들려주면서 예수님의 복음을 전해 줄 수 있다.

- "모든 사람이 죄를 범하였으매 하나님의 영광에 이르지 못하더니."

ㄷ. 꼭 전해져야 할 메시지
  - 하나님의 사랑
  - 인간의 죄
  - 예수님의 구속을 위한 제물되심

- 예수님께서 신자들에게 주시는 은혜
- 그리스도인이 되려면?

3. 메시지를 전하는 여러 방법들

1) '글 없는 책' 복음을 들려 주기

글 없는 책은 다섯 가지의 색으로 되어 있다. 지면을 가득 채우고 있는 이들 각각의 색들은 영적 진리를 나타내 준다.

황금색: 하나님의 사랑
검정색: 구원의 필요성
빨강색: 구원의 길
흰　색: 영접(믿음), 확신
초록색: 성장

어린이(또는 청소년)들의 전도에 나선 사역자는 '글 없는 책'을 가지고 어린이들이 있는 곳으로 간다. 우리는 그들에게로 가야 한다. 전도는 가는 것이다.

- 어린이에게 다가가서 친절하게 글 없는 책을 보여 주면서,
  너 이런 책을 본 일이 있니? 자, 이것을 봐. 이 책은 아주 놀라운 책이란

다. 이 책은 글은 없지만 이 색깔들이 아주 놀랍고 신기한 이야기를 가지고 있단다. 너에게 이야기를 해주려고 하는데 들어 보겠니?

(- 처음으로 보는 '글 없는 책'에 호기심을 보이면서 들어 보고 싶다고 대답한다.)

  - 황금색을 보이면서

이 색이 무슨 색이지? 그래 금색이야. 그런데 너 길이 금으로 되어 있는 곳을 본적이 있니? 길이 금으로 되어 있는 한 나라가 있단다. 그 나라가 어떤 나라인지 아니? 그 나라는 하나님 나라야. 길이 금으로 되어 있으니 그 나라는 얼마나 좋겠니?

그 길은 금으로 되어 있는데 집은 무엇으로 되어 있겠니? 집은 아주 아름답고 귀한 진주와 보석으로 꾸며져 있단다. 그 나라에는 아픈 것, 그리고 고통, 슬픔, 죽음도 없는 곳이야. 그 곳에는 하나님이 계시단다.

너는 하나님이 어떤 분인지 아니?

(몰라요.)

하나님은 이 세상에 있는 모든 것을 만드신 분이야. 이 세상에는 어떤 것들이 있지? 하늘의 해, 또 나무, 바다의 고기, 새, 이 모든 것들이 하나님께서 만드신 것이야. 그래. 그것만 만드신 것이 아니고 너도 만드셨어. 하나님은 하나님 나라를 만들어 놓으시고 네가 그 나라에 와서 하나님과 영원히 함께 살기를 원해서. 그런데 그 아름답고 좋은 하나님 나라에 들어갈 수 없게 하는 것이 하나 있는데 그것이 무엇인지 아니?

- 검정색을 보이면서

바로 이 색 페이지가 그것을 말한단다. 이 검은 색은 죄에 대해서 말해 준단다. 너는 죄가 무엇인지 아니? 죄는 하나님이 기뻐하지 않으시는 말, 생각, 행동을 말해. 너는 죄를 한 번도 짓지 않았다고 말할 수 있니?
(없어요)

무슨 죄를 지었는데?
(친구와 싸웠어요)

그래, 우리가 하나님을 믿지 않는 것도 죄란다. 또 남에게 친절을 베풀지 않는 것, 친구의 잘못을 용서해 주지 않는 것도 죄란다. 성경 로마서 3:23에 보니까 모든 사람이 죄를 범하였다고 말씀하셨어. 모든 사람이 몇 사람이지? 모든 사람 속에 너도 들어가니? 그럼 너도 죄를 지었다는 말이지?

그래, 그런데 성경은 죄를 지은 사람은 하나님께서 벌하신다고 하셨어. 그래서 하나님과 함께 살지 못하고 영원히 떨어져 살게 된다고 하셨어. 우리가 죄를 짓는 것은 우리가 태어날 때부터 죄를 짓는 성품을 가지고 태어났기 때문이야. 그런데 놀라운 이야기가 있단다. 하나님께서는 네가 죄 때문에 벌을 받지 않는 계획을 가지고 계시단다.

- 빨강색을 보이면서

이 색이 바로 그 이야기를 들려준단다. 너, 예수님에 대해 들어본 적이 있니? 예수님은 하나님의 아들이란다. 그런데 그 분은 이 세상에 옳지 않은 일은 한 번도 하지 않으셨어. 죄는 모르고 사신 분이야. 그런데 어느 날 사악한 사람들이 그의 머리에 가시관을 씌우고 십자가에 못 박았어. 십자가에 못 박을 때 양손과 양발에서 피가 흘렀어.

예수님께서는 바로 너의 죄를 대신해 벌을 받아 주신 거야. 네가 생각으로 지은 죄를 대신해 가시관을 쓰셨고 네가 손으로 지은 죄를 대신해 양손에 못을 박히신 거야.

예수님은 고통을 당하시고 십자가에서 죽으셨어. 그리고 삼일 만에 다시 사셨단다. 그후 하늘나라로 가셔서 하나님과 함께 계셔. 이제, 예수님께서 너를 위해 해 주신 일 때문에 너는 죄를 용서받을 수 있게 되었지.

- 흰색을 보이면서

하나님께서는 네가 죄를 용서받을 수 있는 모든 일을 다 해 놓으셨어. 그렇다고 네가 죄를 용서받을 것은 아니야. 이제는 네가 용서를 받는 것이 중요해. 어떻게 하면 네가 죄를 용서받고 하나님의 자녀가 될 수 있겠니? 하나님이 너에게 하시는 말씀을 읽어 보겠니?

(- 사역자는 요한복음 1:12을 펴서 어린이가 자신의 손으로 한 자씩 짚어 가면서 읽게 한다.)

여기 봐? "영접하는 자." 영접한다는 것은 예수님을 마음에 모셔 들이는 것을 말해. "곧 그 이름을 믿는 자들에게는." 믿는 다는 것은 영접한다는 것이야. 그렇게 하면 무엇이 된다고? 하나님의 자녀가 된다 하셨어. 그러면 너는 하나님의 자녀가 되기 위해 예수님을 너의 구주로 모셔들이겠니?

네가 하나님의 자녀가 되기 위해 어떻게 해야 하겠니? 예수님을 마음에 모시고 싶다고 말씀드려야 하겠지? 그래. 그럼, 이렇게 예수님께 말씀드려. 먼저 네가 죄를 지었다고 말씀드리고 예수님께서 너의 죄를 위해 해 주신 일에 대해 감사드리고, 예수님을 마음에 들어오시라고 말씀드려. 이렇게 기도하면 되는거야. 선생님을 따라서 기도하지 않을래?

(- 사역자는 어린이가 따라서 기도할 수 있도록 음절 단위로 끊어서 기도한다.)

> "하나님 나는 죄를 지었어요. 예수님께서 내 대신 십자가에 죽으신 것 고마워요. 주님, 저의 마음에 들어오세요. 예수님 이름으로 기도했습니다."

너는 이제, 하나님의 자녀가 되었어. 여기, 다시 한번 읽어 보자. "영접하는 자(○○) 곧 그 이름을 믿는 자(○○)들에게는 하나님의 자녀가 되는 권세를 주셨으니." 이제, 알겠지? 네가 예수님을 영접하였으므로 하나님께서 너를 하나님의 자녀가 되게 해 주신거야.

너, 또 여기 한번 볼래? 여기의 말씀에 무어라 하셨니? 내가 과연 너를 버리지 않으신다. 너를 과연 떠나지 않으신다고 하셨어. 예수님은 너를 떠나지 않으시고 네가 옳은 일을 할 수 있도록 힘을 주신단다.

아기가 태어나면 엄마가 돌보아야 하지? 하나님의 자녀도 잘 자랄 수 있도록 돌보아 주는 곳이 있단다. 그곳이 교회란다. 하나님께서는 네가 교회에 나가 하나님께 예배드리며 하나님 말씀 배우기를 원하신단다. 그렇다면 너는 다음 주일에 어디를 가야 하겠니?

(교회에요.)

그래 맞아! 너, 다음 주일날 우리 교회에 올 수 있겠니?

(- 사역자는 어린이에게 교회를 소개하는 전도지, 또는 예배에 대한 안내를 담고 있는 팜플렛을 준다. 그런 다음에, 어린이와 헤어지기 전에 그의 이름과 집의 주소 등을 물어서 카드에 적는다.)

2) '손가락' 복음을 들려 주기

손가락 전도법은 다름 아닌 '보디 메시지' 다.

- 엄지 손가락(하나님의 사랑)

1. 교 사: 엄지 손가락은 하나님이 영인이를 얼마나 사랑하시는지 가르쳐 주어요. 하나님이 영인이를 얼마나 사랑하시는지 아세요?

어린이: ?

2. 교 사: 요한복음 3:16을 읽어볼까요?

   - 성경책을 펼쳐서 요한복음 3:16을 가리킨다.

어린이: 하나님이 세상을 이처럼 사랑하사 독생자를 주셨으니 이는 저를 믿는 자마다 멸망치 않고 영생을 얻게 하려 하심이니라.

- 식지 손가락(독생자 예수님)

1. 교 사: 독생자는 누구를 의미하지요?

   어린이: ?

2. 교 사: 예수님이세요. 마태복음 1:28에 보면 예수님은 동정녀 마리아의 몸에서 성령님으로 태어나셨어요. 곧 하나님의 아들로서 죄 없으신 분입니다. 왜 예수님이 이 세상에 오셨는지 알아요?

   어린이: ?

3. 교 사: 요한복음 3:16에 저를 믿는 자마다 어떻게 된다고 하였지요?

   어린이: 멸망치 않고 영생을 주시려고 이 세상에 오셨어요.

- 장지 손가락(심 판)

1. 교 사: 멸망은 무슨 뜻이고, 영생은 무슨 뜻일까요?

   어린이: 멸망은 망한다는 뜻이고, 영생은 영원히 산다는 뜻입니다.

2. 교 사: 그래요. 예수님을 믿지 않는 자는 멸망하는 지옥에 떨어지고, 믿는 사람은 영원히 사는 천국에 들어가요. 영인이는 어느 곳에 가고 싶나요?

   어린이: 천국에 가고 싶어요.

3. 교 사: 어떤 사람이 멸망치 않고 천국에 갈 수 있다고 하였지요?

   어린이: 예수님을 믿는 자입니다.

- 애지 손가락(십자가)

1. 교 사: 예수님을 믿는다는 것은 무슨 뜻일까요?

   어린이: ?

2. 교 사: 예수님을 믿는다는 것은 예수님이 하신 일, 예수님의 인격, 예수님의 이름을 믿는 것입니다. 예수님이 이 세상에서 하신 일이 무엇입니까?

   어린이: ?

3. 교 사: 예수님은 우리의 죄 때문에 십자가에 죽으셨어요.

- 약지 손가락(영접)

1. 교 사: 예수님은 지금, 하늘나라에서 무엇을 하고 계실까요?

어린이: ?

2. 교 사: 예수님은 하늘나라에서 두 가지 일을 하고 계세요. 하나는 우리들이 있을 곳을 준비하고 계시고, 또 하나는 우리를 위해 기도하고 계십니다. 예수님을 믿는 자는 주님이 재림하실 때, 천국에 가서 영원히 삽니다. 영인이는 예수님이 하시는 일을 믿고, 천국에서 영원히 살고 싶지 않아요?

어린이: 살고 싶어요.

- 손가락 영접 기도

1. 교 사: 선생님이 손가락 기도를 가르쳐 줄게요. 따라서 해 보세요.

 ㄱ. 하나님 아버지,

 ㄴ. 저는 죄인입니다.

 ㄷ. 저의 죄를 위해 예수님이 대신 십자가에 죽으신 것을 감사합니다.

 ㄹ. 저의 죄를 용서해 주시고, 지금 제 마음 속으로 들어와 계셔 주세요.

 ㅁ. 예수님의 이름으로 기도합니다. 아멘.

 친구가 직접 예수님께 기도해 보겠어요?

어린이: - 영접기도를 따라서 한다.

4. 주일학교 사역의 핵심

주일학교에는 성경을 배우기 위해서 아이들(학생)이 모인다. 그리고 이들에게 성경을 가르치기 위한 교사들이 있다. 또한 가르침과 배움이 있는 분반도 있다.

주일학교의 교사(반사)는 분반을 이루고 있는 아이들을
- 그리스도의 인격의 장성한 분량에 이르도록 가르치고,
- 그들이 그리스도와 인격적으로 만나도록 돕는 중보자의 사역을 담당하고 있다.

그런데 오늘날의 주일학교는 어떤 모습을 띠고 있는가? 주일학교의 분반 모임에서 공과수업이 학교의 교육 형태로 변화하고 있다. 주일학교는 학교Schooling가 아니다. 학교가 학업을 중심한 전당이라면 주일학교는 신앙을 중심으로 하는 목회Pastoral 현장이다.

주일학교 사역의 핵심은 성경을 공부하도록 하는 것이다. 이때, 성경공부의 작업은 그야말로 학습자의 편에서 알맞게 이루어져야 하는데, 어린이(또는 청소년)들 스스로 성경을 묵상하고 그 뜻을 발견할 수 있는 힘을 길러 주어야 한다.

우리가 주목해야 할 것은 그들이 스스로 성경을 공부해야 하는 것이다.
- 거듭남을 체험한 사람은 말씀으로 살아야 한다.
- 영적인 생명의 삶을 위해서 말씀을 공부해야 한다.

그들이 말씀을 스스로 읽고, 그 안에서 하나님을 발견하고, 곧 실천하게 하는 방법을 가르쳐야 한다.

주일학교에서는 사역의 목적을 성경의 지식을 가르치는 것에 두어서는 안 된다. 한 명의 어린이(또는 청소년)가 그리스도인의 삶을 살아가도록 돕는 것을 놓치면 끝이다! 주일학교의 현장에서는 그들이 변화가 경험되는 사건이 일어나야 한다.

이용걸은 「학습의 기초」에서 다음과 같이 주장하였다: "지금까지 학습에 대한 몇 가지의 정의들이 예시되었지만 그 다양성 속에서도 하나의 공통점이 있다. 이 공통점은 바로 변화이다." 그의 말은 '변화'가 없는 것은 학습이 아니라는 것이다. '거듭남', '회심'이 없는 것은 '학습'이 아니다.

5. 교회와 주일학교

교회 공동체는 예수님을 구주로 믿고, 하나님을 영화롭게 해드리는 삶을 목적으로 삼는 이들의 집단이다. 교회 공동체는 아무리 오랜 역사가 흘러도 신앙이라는 연속성을 갖는 구조와 관계들을 통하여 이곳에 모인 이들을 결속시켜 준다.

여기에서, 교회 공동체에서 이루어지는 교육은
 - 가르침을 받는 이들에게 지금까지 전해 내려오고 있는 신앙의 삶을

유지하도록 도와주며,

- 그들이 앞으로 어떤 환경에 맞닥뜨린다 할지라도 교회 공동체의 신앙으로 적응하도록 미래를 준비하는 작업이라 말할 수 있다.

지금, 어린이(또는 청소년)들은 주일학교를 통해서 한 명의 기독교인으로서 사회에 책임이 있는 존재로 서야 한다. 기독교교육의 목적은 역사적이고, 영속적인 신자들의 공동체와 깊은 관련을 갖게 한다.

주일학교 사역의 우선적인 과제는

- 선조들의 신앙과 거룩한 삶이 소실되지 않도록 부지런히 성경을 연구하고, 이 땅에서 살았던 하나님의 사람들의 과거를 되살리는 작업을 추구해야 한다.*
- 그리고 '지금, 여기에서' 물려받고 있는 신앙의 교리와 교회의 전통이 화석화 되거나 적극적으로는 종교적인 의식이 되지 않도록 하기 위한 작업을 추구해야 한다.

신앙의 보존과 미래에의 적응은 동전의 양면과 같은 것으로서 동시에 이루어져야 한다.

주일학교의 현장에서는

- 하나님에 대한 지난 세대의 경험이 나누어지고,
- 다음 세대에게는 그 경험을 일체의 가감이 없이 전해지는 것이다.

---

*Chares R. Foster, The Ministry of the Volunteer Teacher, 장로회신학대학교 기독교연구원 옮김, 서울: 장로회신학대학교 기독교연구원, 1996, p. 13.

이때, 경험의 본질은 달라질 수 없으나 경험을 다루는 방법은 얼마든지 다양한 방법들이 선택될 수 있다. 나아가서 신앙의 보존과 미래에의 적응이 더욱 더 효과적으로 이루어지기 위해서 다양한 방법들을 추구하게 된다. 방법의 변화는 그만큼 미래에의 적응에 다리가 되어 준다.

어린이(또는 청소년)들은 성경을 가지고 성도의 삶을 살도록 도전받아야 한다. 그들이 경험하는 삶의 문제를 성경과 연결시켜 주어 그들을 온전함에 이르게 하는 것이 주일학교 사역의 내용이다.

축복의
사람이
되어라

1. 주님의 이름으로 매일 축복하라

에서는 이삭의 맏아들로서 하나님 앞에서 복이 있는 존재였다. 야곱은 복을 받으면서 자라고, 에서는 저주를 받으면서 자라야 하는 것이 아니었다. 그러나 그는 교활하기 짝이 없었던 동생에게 '아버지로부터 받는 축복'을 도둑질당하고 말았다.

이삭이 에서에게 말하기를, 야곱에게 이미 축복을 다 했다고 하자, 에서는 어이없는 탈취 앞에서 방성대곡할 수 밖에 없었다. 그는 안 되는 줄을 알면서도 아버지에게 애원하였다. 우리는 창세기 27:31 - 34에서 에서의 처절한 울부짖음을 들을 수 있다.

"그가 별미를 만들어 아버지에게로 가지고 가서 이르되 아버지여 일어나서 아들이 사냥한 고기를 잡수시고 마음껏 내게 축복하소서 그의 아버지 이삭이 그에게 이르되 너는 누구냐 그가 대답하되 나는 아버지의 아들 곧 아버지의 맏아들 에서로소이다 이삭이 심히 크게 떨며 이르되 그러면 사냥한 고기를 내게 가져온 자가 누구냐 네가 오기 전에 내가 다 먹고 그를 위하여 축복하였은즉 그가 반드시 복을 받을 것이니라 에서가 그의 아버지의 말을 듣고 소리 내어 울며 아버지에게 이르되 내 아버지여 내게 축복하소서 내게도 그리하소서."

당시의, 히브리인들의 삶에서 아버지가 장자인 아들에게 축복을 하는 것은 가문의 예식처럼 여겨져 왔다. 히브리인의 가정에서 아버지라는 존재는 후손에 대한 축복이었다. 그리고 아버지가 한 번 축복한 것은 도로 무를 수 없었다. 그리고 맏이는 아버지로부터 축복을 받는 것을 거룩한 의무로 여겼다.

에서도 이 사실을 알고 있었기 때문에 그의 마음이 찢겨지고, 몸부림을 칠 수 밖에 없었던 것이다. 그가 이삭에게서 복을 받아, 가업의 복을 이어야 하는 의무를 상실했기 때문이다. 아버지의 축복을 상실당한 에서에게 삶은 무의미한 것이 되어졌다. 그의 인생은 자손에게 이어지는 아버지의 축복이 없는 삶이기 때문이다.

복은 인생을 영광스럽게 한다. 하나님의 복만이 모든 사람을 악으로부터 구하고, 복된 삶을 살도록 한다. 주일학교에서 우리는 어린이(또는 청소년)들에게 복을 주는 사역을 섬겨야 한다. 우리가 그들에게 해주어야 하는 최우선의 일은 그들이 여호와의 은혜를 입도록 하는 일이다. 그러므로 그들을 만났을 때, 우리가 제일로, 그리고 먼저 해야 될 일이 있다면 그것은 주님의 이름으로 축복하는 것이다.

교사의 또 다른 이름은 어린이(또는 청소년)들에게 '축복의 사람'이다. 모세를 동역자로 세우셔서 이스라엘 백성들을 애굽에서 구원해내신 하나님이시다. 그 하나님께서 교사를 동역자로 세우셔서 주일학교 공동체를 향한 계획을 펼쳐 나가신다.

하나님의 계획은 그들을 성도로 보시기 원하시는 것이다. 그래서 우리를 그들에게로 보내신다. 그렇다면 우리는 하나님께서 그들을 복을 주시려 하신다는 확신을 가지고 가야 한다. 우리는 이쯤에서 자신을 돌아보아야 한다.

- 목회의 대상자가 된 이들에게 칭찬과 격려를 많이 하는 편인가?
- 그들을 단지, 교육을 받는 학생으로 여겨 야단을 많이 치는 편인가?
- 그들이 내 곁에 머물러 있는 것을 좋아하는가?

오직 하나님의 풍성하신 사랑으로 자라야 할 그들에게 야단을 치는 교사들을 쉽게 볼 수 있다. 얼마든지 용서해주면서 그들이 자라기를 기다려야 하는 참을성을 보여야 하는데, 그렇게 하지 못하고 있다. 나무라기는 쉽게 하면서도, 그들이 보여준 기특함에 대하여서는 칭찬에 인색하다. 교사가 자신을 하나님의 메신저messanger로 생각한다면 축복의 말로 그들에게 가야 한다.

2. 축복의 말

어린이(또는 청소년)들에 대한 우리의 사역은 말로서 이루어진다. 주일 아침에, 그들이 예배당으로 와서 교사를 만났을 때, 먼저 들어야 하는 말은 축복이다. 우리는 교회에서 그들이 오기를 기다리고 있다가 주님의 이름으로 축복한다는 말을 먼저 들려주어야 한다. 하나님께서 그들에게 복을 주시고자 하시기 때문이다.

우리는 축복의 메신저로 자신의 말을 사용해야 한다. 박진환은 이렇게 말한다: "축복하고, 격려하고, 위로하고, 세워주고, 교훈하는데 우리의 혀를 사용해야 합니다."

사도 바울은 감사의 말만 하라고 권면하였다. 이 감사의 배경에는 그의 편지를 받는 이들을 축복하고 있는 것이다. 교사의 언어에는 아첨이나 험담 그리고 비판이나 허망이 있어서는 안 된다. 그의 만남은 어린이들을 위로하고, 그들을 축복하며 덕을 세우는 것이어야 한다.

골로새서 4:6은 우리가 어린이(또는 청소년)들을 만남에 있어서 어떻게 말을 해야 하는가를 가르쳐 주고 있다: "너희 말을 항상 은혜 가운데서 소금으로 고루게 함과 같이 하라 그리하면 각 사람에게 마땅히 대답할 것을 알리라."

에베소서 5:4의 말씀도 우리의 가슴에 새겨 두어야 한다:

"우리에게는 무의식 중에라도 누추함과 어리석은 말이나 희롱의 말이 마땅치 아니하니"(엡 5:4).

우리는 어린이(또는 청소년)들을 만났을 때, 하나님의 시선으로 그들을 바라보아야 한다. 그리고 우리의 축복에 의해서 그들은 하나님 아버지의 풍성하신 은혜 안으로 들어가야 한다. 그리고 공과공부를 하려 하기 전에, 하나님의 말씀으로 위로, 격려해야 한다.

그들은 교사의 말을 통해서 기쁨을 얻어야 한다. 우리가 사역하려는 목적은 말을 통하여 완성될 수 있으므로 교사의 입술이 상대방의 허물을 들추어내는 것이 되지 않도록 힘써야 한다. 오직 덕스러워야 한다. 이것이 어린이(또는 청소년)들을 대하는 기본적인 자세다.

1) 말에 대한 성경의 권면

성경은 우리가 어린이(또는 청소년)들을 대하였을 때 해야 되는 말에 대하여 세 가지의 형태로 교훈하고 있다. 그들은 우리와의 만남에서 자기들을 찾아오시는 하나님을 경험해야 한다. 이때 우리의 말은 주님의 말씀과 같은 것이 되어야 할 것이다: "저희가 다 그를 증거하고 그 입으로 나오는 바 은혜로운 말을 기이히 여겨 가로되 이 사람이 요셉의 아들이 아니냐."

무슨 말인가? 은혜로운 말이 그들에게 들려주어야 하는 교사의 말이어야 한다는 것이다. 은혜로운 말은 곧 이렇다.

- 하나님의 말씀을 말하는 것
- 위로해 주는 말을 하는 것
- 덕을 세우는 말을 하는 것

ㄱ. 하나님의 명령의 말: 신명기 6:6 - 7

"오늘날 내가 네게 명하는 이 말씀을 너는 마음에 새기고 네 자녀에게 부지런히 가르치며 집에 앉았을 때에든지 길에 행할 때에든지 누웠을 때에든지 일어날 때에든지 이 말씀을 강론할 것이며."

우리의 입술을 통해서 그들이 제일 먼저 들어야 할 말은 하나님의 복이다. 우리는 오직 생명의 말씀인 하나님의 말씀만 전해야 한다. 하나님께서 그 말씀으로 자기 백성을 온전함에 이르기 원하실진대, 보내심으로 그들에게 다가간 우리에게는 하나님의 말씀을 전할 의무가 있다. 우리가 그들을 대하면서 하나님의 말씀으로 격려하는 것은 선택이 아니고 필수다.

ㄴ. 위로해 주는 말: 데살로니가전서 4:18

"그러므로 이 여러 말로 서로 위로하라."

예수 그리스도의 이 땅에 오심과 십자가에 달려 죽으심은 인류에게 소망을 주시고자 함이시다. 어린이들에게 위로해주는 사역은 교사의 간과할 수 없는 사역 내용이다. 기독교가 위로의 종교라면 우리도 마땅히 위로받아야 하는 하나님의 자녀들을 축복하고 위로해야 한다. 그들을 위로하시는 하나님의 사랑을 우리의 말로 나타내어야 한다.

ㄷ. 덕을 세우는 말: 에베소서 4:29

"무릇 더러운 말은 너희 입 밖에도 내지 말고 오직 덕을 세우는데 소용되는 대로 선한 말을 하여 듣는 자들에게 은혜를 끼치게 하라."

교사의 어린이(또는 청소년)들에 대한 만남은 하나님의 은혜가 전달되는 수단이어야 한다. 그들이 우리와의 만남에서 경험되는 것은 은혜를 받는 사건이 되어야 한다. 사역자가 아이들을 만나는 자체가 은혜를 끼치는 것이다. 따라서 우리의 말에 은혜를 담고 있도록 주의해야 한다.

2) 축복하기 위해서 집으로 찾아가라
우리가 어린이(또는 청소년)들의 가정을 방문하여 그들과 마주 앉았을 때 먼저 축복의 말을 주어야 한다. 우리의 섬김은 그들에 대한 돌봄의 사역이므로 축복의 사람을 맞이하는 방문이 되도록 해야 한다.

때로는 교사의 방문이 그들에게 부담스러울 수도 있다. 그때는 어린이(또는 청소년)들과 관계되어 있는 주변의 이야기들을 화제로 삼도록 해야 한다. 주변의 이야기들은 자연스럽게 그들로하여금 자신의 말을 꺼내도록 한다. 이와 같은 잡담은 피심방자와의 대화를 촉진시키는 역할을 한다. 우리가 그들을 찾은 것은 이야기를 들어주기 위해서다.

하나님께서 아담을 찾아오셨을 때, 먼저 그가 입을 열도록 하셨다는 사실을 기억하자. 피심방자가 관심을 기울이고 있는 분야에 대한 잡담은 그로하여금 심방자에게 마음의 문을 열어 보이도록 한다.

다까기 게이다 高木慶太는 이렇게 조언하고 있다:

"이러한 효과를 얻기 위해서 사전에 미리 그 사람에 대한 모든 것을 갖고 있어야 한다. 가족에 대한 상황 그리고 학교생활에 대한 것들, 취미등에 관한 상세한 정보를 지녀야 하는 것이다."

이러한 정보는 상대방과 대화를 할 때 초점을 맞추어서 이야기를 진행할 수 있도록 도와준다.

사람들은 누구나 관심이 있는 것에 자신의 주의를 기울인다. 관심이 없는 것에는 단 한 순간도 주의를 기울이려 하지 않는다. 어린이(또는 청소년)들이 교사에게 주의를 기울이도록 하기 위해서는 그들의 관심에 대화의 초점을 맞추어야 한다. 이를 위하여 그들을 읽어두는 작업을 하자.

- 그들이 즐겨 보는 책들을 한, 두 권 정도는 언제나 읽는 것이 바람직

하다.
- 어린이 잡지는 교사로 하여금 그들의 세계에 접근하는데 지름길이 되어 준다.
- 어린이 신문도 보아 두는 것이 좋다. 어린이 신문에는 그들의 관심이 담겨 있다.
- 그들의 놀이 세계를 바라보는 것도 유익한 정보제공의 수단이 된다.

어린이(또는 청소년)들의 관심거리가 대화의 초점이 되면 자연히 그들은 마음의 문을 열고 자신을 드러내 보인다. 그리고 상대방에게 관심을 나타낸다. 그들이 교사에게 마음의 문을 열면 이 기회를 놓치지 않고 대화를 전개한다.

그들은 교사와 하나가 되었다고 마음으로 동의할 때, 교사에게 보여 주었던 방어적인 자세의 빗장을 풀고 귀를 기울이게 된다. 마음의 문을 열었다는 확인이 되면 그들을 찾게 된 까닭을 말하고 신앙생활에 대한 권면을 해야 한다.

3. 축복의 제1언어 - 칭찬

어린이(또는 청소년)들이 가장 듣기 싫어하는 말은 그들의 기분을 상하게 하고 열등감을 느끼게 한다. 그렇지만 반대로 좋은 말은 그들에게 자신을 갖게 한다. 지금 주일학교에는 칭찬에 목마른 아이들로 가득하다.

사실, 우리는 늘 그들을 나무라는 일에만 익숙해져 있는지 모른다. 너무 크고 특별한 것만 기대하지는 않는지? 작은 변화에도 주목해 보라! 칭찬거리가 널려 있다.

우선 그들이 한 일을 인정하면서 그를 칭찬하는 것이다. 모든 어린이(또는 청소년)들은 어떤 일들은 바르게 한다. 이렇게 갸륵한 행동들을 주목해 보았다가 축복의 언어로 칭찬해 주라.

1) 신실함으로 칭찬하라

십대와 함께 할 때 "아첨하는 말이 그 어느 구석에도 없게 하라." 지금의 십대들은 어른들에게서 확실성을 찾고 있다. 그들은 한 입으로 두 말 하는 어른들에게 싫증을 느낀다. 그들은 어른들에게서 성실성을 찾고 있다. 어린이가 아이로 3살이었을 때는 아첨하는 말이 효과가 있었을지 모르지만 소년시기인 13살일 때는 아무런 효과도 없다.

우리는 자주 그들에게 그들이 한 행동을 빛내어서 칭찬해 주어야 한다. 예배당에서 휴지를 줍는 것을 보았다면, "예배당을 깨끗이 하여 하나님께 영광이 되겠다." 라고 칭찬해 주어야 한다. 그렇지만 그들이 아무런 행동도 하지 않았는데, 어떤 행동을 한 것처럼 여기고 칭찬해서는 안 된다. 그것은 그의 지능(사고력)을 모욕하는 일이다.

2) 구체적으로 하라

"예배당을 깨끗이 하니 참 잘했구나."와 같이 지나가는 말로 획 한번 칭찬하는 것은 언제나 진실과는 거리가 멀다. 진실은 구체적인 행동의 묘사에서 보다 더 잘 발견된다. 이러한 말들이 그들에게 진실로 들려지는 구체적인 칭찬들이다. 그러므로 구체적인 것들을 칭찬할 수 있도록 스스로 훈련하라.

교사가 칭찬할 때 반드시 기억해야 할 것이 있다. 바로 칭찬의 결과를 볼 수 없다고 해도 애써서 칭찬해야 한다. 어린이들은 교사로부터 칭찬을 들어야 한다. 십대들의 행동에는 항상 칭찬할 만한 것들이 있다. 어떤 사역자는 자기 기대에 부응하지 못한 실패에 너무나 초점을 맞추다 보니 십대들의 긍정적인 행동을 보지 못한다.

부정적인 것에 집중하는 것이 많은 교사들의 올무가 되어, 결국 그들에게 대접해야 하는 사랑의 그릇을 비우는 결과를 초래한다. 그들에게서 일어나고 있는 일들이 교사에게 고통, 실망, 분노를 가져다준다 해도 나무라서는 안 된다. 오직, 칭찬할 만한 행동들을 계속해서 주시하면서 그들을 인정해주는 말들을 해야 한다.

- 청소를 열심히 하는구나!
- 실내화가 깨끗하구나!
- 머리를 예쁘게 잘랐구나!

어떻게 칭찬을 할 것인가? 가령, '잘 했다', '훌륭하다', '착하다', '예쁘다' 따위의 칭찬의 말을 아끼지 않아야 한다. 그러나 칭찬이라고 무조건 좋은 것만은 아니다. 한 사람이 크게 칭찬을 받으면 상대적으로 다른 아이들은 열등감에 빠지거나 질투심을 느끼게 한다. 또는, 지나친 칭찬은 아이를 거만하게 하거나 노력을 게을리 하게 만든다. 그러므로 잘 한 일에 대해서는 칭찬을 하되, 어린이들 전체를 추켜세우거나 그들의 비위를 맞추려 해서는 곤란하다.

3) 어린이를 격려하는 말들
적절한 격려의 말, 이해하는 말을 해 주면 칭찬 이상으로 어린이(또는 청소년)를 기쁘게 할 수 있다.

★ 장점을 찾아서 인정해 주면 어떨까? 그러면 그들은 힘을 얻는다. 이런 말은 그들의 행동을 강화해서 계속 잘하려는 노력으로 이어질 수 있다. 그러나 지나친 칭찬일 때는 그들에게 부담을 주기도 하고, 또한 칭찬하는 말이 거짓일 때는 역효과를 낼 수도 있다. 그들이 잘 하는 것을 '더도 말고, 덜도 말고, 있는 그대로' 인정해 줄 때야말로 칭찬은 기쁘게 해 줄 수 있다.

★ 외모에 대한 칭찬도 어린이들은 무척 좋아한다. 십대에 이르면 외모

에 대한 관심이 워낙 높은 때라 적절한 칭찬이 그들에게 자신감을 주고 기분을 좋게 해준다. 그러나 이것도 지나치게 되면 자신의 소질 계발보다는 외모를 가꾸는 데만 정성을 쏟게 되는 문제 - 특히, 여학생의 경우는 외모를 자신의 전부인 양 착각하여 열심히 살아가는 삶보다는 남의 시선을 붙잡는 데만 마음을 쓰는 비주체적인 삶을 살 수 - 가 있다.

★ 그들의 마음을 올바로 읽어주면 어린이는 자신이 이해를 받고 있다는 생각에 큰 기쁨과 위로를 받는다. 자신의 마음을 알아주는 사람이 있을 때, 그들은 살아가면서 겪는 어려움에도 쉽게 꺾이지 않는다. '나는 너희들을 이해한다'는 말보다는 실제로 그들의 편에서 생각하는 연습과 느낌을 바로 말하는 것이 중요하다.

★ 힘들더라도 잘못한 것만 지적하기보다는 어제보다는 오늘 달라진 점, 교사를 기쁘게 한 점을 말한다. 교사가 힘들 때는, 화를 내기보다도 왜 화가 났으며 무엇이 힘들게 하는지 속마음을 솔직히 털어놓는 것이 좋다. 그때, 그들은 사역자의 입장을 이해한다. 이해가 앞서면 상대방을 위해 주고 싶고, 돕고 싶은 마음이 싹튼다.
'고마워', '미안해', '기분 좋다' 따위의 짧은 말 한 마디가 아이들의 마음을 따뜻하게 녹여줄 수 있다.

★ 어린이들을 인정해주는 말은 지나치면 아부가 되기 쉽다. 그러나 힘들어하거나 실망한 순간에 이런 말 한마디는 큰 힘이 된다. 격려의 말 한마디가 어린이(또는 청소년)의 장래를 좌우할 수도 있음을 잊지 말아야 한다.

★ 꾸중은 짧고 명확하게 하는 것이 좋다. 교사는 그들을 향해서 실수나 잘못한 일에 대한 꾸지람이 길어지지 않도록 주의해야 한다. 좋은 말도 여러 번 들으면 싫은데, 싫은 말은 더 말해 무엇하겠는가? 그렇다고 무조건 괜찮다는 식으로 대하는 건 곤란하다.

★ 아이들이 하는 이야기를 잘 들어주고 그대로 믿는 반응을 보일 때, 그들의 마음은 살아난다. '너를 믿는다'는 말은 않더라도 교사가 자신을 믿는다는 확신을 보일 때, 어린이들은 어떤 경우에서도 새로운 힘을 얻을 수 있다.

★ 칭찬은 사소한 것일지라도 지나치지 말고, 그때그때 드러내서 격려하는 것이 좋다. 만일, 우리가 큰 일을 가지고 칭찬거리를 찾으면 여간해서 찾기 쉽지 않다. 그리고 칭찬받는 어린이도 몇몇 정도로 한정된다. 가능한 많은 어린이들이 칭찬을 누려야 한다. 칭찬은 그들을 밝고 건강하게 자라게 한다는 것을 잊지 말자.

4. 축복의 제2언어 - 사랑

 어린이(또는 청소년)들을 축복하는 말의 또 하나로서, 그들에게 사랑한다는 말을 들려주어야 한다. 이는 말로서 교사의 애정을 표현하는 것이다. 칭찬이 그들의 긍정적인 행동에 초점을 맞추는 것이라면, 애정은 그들 자신에게 초점을 두는 것이다. 이는 한 인격체로서의 그들에 대한 긍정을 말로 표현하는 것이다.

 애정을 표현하는 가장 평범한 말은 '사랑해' 라는 단순한 한 마디다. 십대들에게는 친구들 앞에서 이런 말 듣는 것을 원하지 않는 짧은 시기가 있기는 하지만 이 한 마디는 언제든지 유효 적절하다. 만일, 그들이 그 말을 쓰지 말라고 요구한다면 어떤 경우에도 그것을 존중해 주는 것이 좋다. 그렇지만 그 말이 개인적으로 쓰일 때는 그들의 발달 단계에서 언제나 효과 만점이다.

 실제로, 십대 시절 부모로부터 '사랑해' 라는 말을 듣지 못한 사람들은 어른이 되었을 때, 종종 깊은 감정의 고통을 느낄 것이다. 게리 채프먼 Gery Chapman이 결혼 생활 세미나를 인도할 때, 한 프로 선수 - 남성 중의 남성 - 가 눈에 눈물을 글썽이면서, "채프먼 박사님, 전 아버지로부터 단 한번도 '사랑해' 라는 말을 들어보지 못했습니다"라고 말했다. 아버지와 어머니에게 '사랑해' 라는 말을 전혀 들어보지 못한 남녀의 영혼에는 텅

빈 공간이 있다.

통상 어머니들은 십대의 아들, 딸들에게 사랑한다는 말을 자주 한다. 그러나 아버지들은 그렇게 하기가 좀 어렵다. 어떤 아버지들은 그런 말을 전혀 들어보지 못했기 때문에 자신이 들어보지 못한 말을 한다는 것이 힘든 것이다. 그런 사람들에게는 그 말이 저절로 나오지 않는다. 우리가 그런 가정에서 자라났다면, 그 전통의 사슬을 끊고, 아이들의 눈을 들여다보면서 손을 그들의 어깨 위에 올려놓고, '너를 무척 사랑한다'라고 말하고 안아 주도록 하자.

그 경험이 교사에게 어떤 의미를 주는지 몰라도, 우리가 한 말들은 그들의 가슴에 영원히 새겨질 것이라고 확신할 수 있다. 이제 댐이 무너졌다. 사랑의 물줄기가 흘러 넘치게 된다.

- 사랑한다는 말을 계속 반복하고 또 반복하라.
- 아무리 들어도 사랑한다는 말에는 싫증이 나지 않는다.
- 사랑의 말은 그의 가슴에 있는 사랑의 그릇을 채워준다.

우리가 그들에 대한 말로 애정을 표현하는 다른 방법들도 있다. 『자녀에게 사랑한다고 말하는 101가지 방법』의 저자인 비키 랜스키는 13살인 자기 딸에게 우울할 때를 물었다가 그때 딸을 즐겁게 해주고 싶었다. 랜스키 부인은 "오늘 너와 함께 한 시간은 정말 즐거웠어."라고 하였다.

왜 그녀가 사랑한다는 말보다 즐겁다는 말을 하였을까? 랜스키의 말이

다: "사랑한다는 말 대신에 즐겁다는 말을 쓰면 정말 차이가 많이 납니다."

그렇게 말하고 난 후에 몇 번인가 그녀의 딸은 "엄마, 오늘 나와 함께 한 시간이 정말 즐거웠어요?"라고 물었다. 우리 자신의 말을 만들어서 아이들에게 시도해 보자. 여기에 우리가 해 볼 수 있는 말들이 있다.

"너와 함께 있는 것이 내게는 기분이 좋단다."
"너를 아주 좋아한단다."
"나는 너를 생각만 해도 자랑스럽다."
"너는 나의 기쁨이야."
"이 세상에 있는 아이들 중에 하나를 꼽으라면 선생님은 너를 선택할 거야."
"주일 아침에 일어나면, '너의 선생이 된 것이 얼마나 큰 복인가' 라는 생각을 한단다."
"어제 책상에 앉아서 '우리 반 친구들 그리고 네가 보고 싶구나' 라고 생각했어."
"네가 내 옆에 앉아서 함께 예배할 때 난 참 좋단다."

만일, 우리가 시적으로 성의를 다해서 "너는 내 생애에 기쁨의 강물이구나."라는 말까지 하게 되면 그들은 그런 분위기에 젖게 된다는 것을 알

것이다. 그러므로 채프먼은 이렇게 권고한다: "이제, 당신 자신의 말을 몇 가지 생각해서 노트에 적어 보라. 그리고 '사랑해 목록'이라는 항목에 주기적으로 적어 넣으라. 만일, 당신의 아이들이 '사랑해'라는 말을 듣는 것에 이미 익숙해져 있다면, 여러 애정 표현들 가운데 한 가지가 그 아이의 사랑의 그릇을 더 효과적으로 채워줄 수도 있다."

우리의 말로 표현되는 애정은 그들의 몸이나 성격에 다양하게 집중될 수 있다.
- "오늘 네 머리가 햇빛처럼 윤기가 흐르는구나"라는 표현은 자기 외모에 대해서 "그저 그렇다"고 걱정하는 16살 아이에게는 특별하게 인정해 주는 말이 된다.
- "네 눈은 아름답다"는 표현은 방금 남자 친구에게 차인 17살 여자아이에게는 가슴으로 받아들여지는 말이 될 수 있다. "너 참 강하구나"라는 표현은 얼굴에 있는 상처들에 대해 지나치게 신경 쓰고 있는 15살 남자 아이의 기분을 바꾸어 놓는 말이 될 수 있다.

우리는 말로 칭찬해 줄 수 있는 신체적인 특성들을 살펴보아야 한다. 이는 말로 애정을 표현하는 효과적인 방법이 된다. 애정을 표현하는 이런 말들은 아이들의 성격에도 적용될 수 있다.

"네가 외향적인 성격을 가져서 난 참 기뻐. 너는 수줍음을 잘 탄다고 말하지만 가만히 보니, 일단 누군가와 대화를 시작하면 마치 수문이 열린 것처럼 거침없이 말하더구나."

"넌 참 진지하구나. 말하기 전에 우선 생각부터 하는 점이 내 맘에 쏙 들어."

"내가 널 정말 좋아하는 이유 중에 하나는 네가 믿음직스럽기 때문이야. 네가 무슨 말을 해도 난 신뢰할 수 있어."

이러한 애정의 말들은 어린이(또는 청소년)의 내면의 영에 강렬하게 말하는 것이 된다. 이러한 표현들은 그들에게 자신이 귀히 여김을 받고, 존중받고, 사랑을 받는다는 느낌을 준다. 교사는 자신만의 애정 표현들을 만들어서 순차적으로 하나씩 그들에게 들려주어야 한다.

공과교수의
　패턴을
　바꿔라

1. 죽어가고 있는 오늘의 수업현장

하나님께 대하여 열려 있는 교실을 기대하면서, 참 성경공부를 추구하려는 교사들이 두려워하는 것이 있다. 그것은 성경을 가르치고 배우는 자리라 할 수 있는 교실class이 죽어가고 있다는 사실이다.

여기에서, 우리가 죽은 교실이라 표현하는 것은 성경공부를 하는 자리가 가르치는 교사나 배우는 어린이(또는 청소년)들을 숨 막히게 한다는 것이다. 성경을 들고 그들에게로 다가가는 교사나 공부시간을 기다리는 그들은 늘 '그 시간이 그 시간'으로 공과 학습의 시간을 맞이하고 있다.

어린이(또는 청소년)들은 교사의 수업을 진행하는 태도가 형식적이라는 사실을 알고 있다. 교사가 자기들에게 성경을 가르치기 위하여 준비한 것이 없다는 사실을 그들은 알고 있다. 교사는 더 이상 교수 - 학습에 창조적이지 못하다.

그러면 수업에 임하는 어린이(또는 청소년)들은 어떠한가? 그들도 성경 공부에 대한 준비가 없기는 마찬가지다. 그들은 교사가 시키는 대로 성경을 열어 본문을 편다. 그리고 본문을 읽자는 제안에 따라 늘어지게 읽는다. 공부에 대한 기대나 의욕은 조금도 보이지 않는다.

준비 없이 수업의 자리에 나온 교사와 성경학습에 대한 기대 없이 성경을 펼친 어린이(또는 청소년)들이 오늘의 공과 교실이다. 사실, 학습자로서 수업의 주체가 되어야 하는 그들은 수업하려 하지 않고 있다.

2. 공과준비 전에 결정되어야 할 것들

가르치는 교사와 배우는 지체들이 있는 학습현장은 어디에서든지 교실이다. 우리는 주일학교의 분반을 교실이라 말할 수 있다. 하나님의 자녀라면, 마땅히 하나님의 말씀을 배워야 하고, 성경공부 시간이 정해져 있으므로 공부해야 한다.

더 나아가 바람직한 성경공부는 삶에서부터 시작되는 것이어야 한다. 우리는 공부를 하는 데에 있어서 '수업에 참여하는 교사, 학습자 교재의 요소에 숨어있는 법칙' law of learner이 있음을 소홀히 다루어서는 안 된다.

우선, 학습자들의 편에 대하여 살펴보자. 그들은 대단히 현실적인 세상에서 살고 있으므로, 학습은 반드시 그들이 처해 있는 위치에서 시작해야 한다.

그러나 교사는 그들과 다르다. 대부분의 교사들에게는 학습자들이 경험하는 세상적인 의미는 없다. 그들은 자기들이 갖고 있는, 너무 지나치게 신앙심이 깊은 사상을 사용해서 학습을 준비한다. 그렇기 때문에, 교사와 어린이(또는 청소년) 사이에 만남이 없이 일방통행의 수업이 되고 만다.

그러므로 우리는 공과 학습이 교사와 학습자의 만남의 차원에서 이루어지도록 하기 위해서는 다음의 순서를 따라야 한다. 우리는 이를 '공과 준비의 일곱 가지 결정들' 이라고 이름붙일 수 있다. 이 일을 위해서 교사는 무엇보다도 어린이(또는 청소년)를 위해서 기도하며, 성령님께서 그들을 도와주시도록 간구해야 한다. 아울러 그들과 긴밀한 인격적인 관계를 맺고 사랑으로 지도해야 한다.

다음에 제시된 일곱 가지 결정들 외에 교사가 해야 할 결정들이 많이 있다. 그러나 이것들은 그 중에서 가장 중요한 결정들이다. 교사가 아래의 질문을 항상 염두에 두면 그의 가르침을 보다 더 목적 있는 방향으로 이끄는 데 도와준다.

1) 내가 무엇을 가르칠까?
   ① 공과가 시작점이지만 내용이 너무 많다.
   ② 나의 가르침의 초점을 맞추기 위해서 기본 개념을 선택해야 한다.
   ③ 개념이란 남에게 전달하기 위한 경험, 사고, 물체 등을 내포하는 사람들이 사용하는 용어들이다.
   ④ 개념들은 모든 가르침의 초점이다.

⑤ 학습자가 일상생활에 관계 맺는 개념을 사용하는 것이 중요하다.

2) 학습자들이 무엇을 배울 것인가?
   ① 다양한 가르침의 활동들은 대부분의 학생이 대부분의 시간에 참여하도록 할 것이다.
   ② 가르치는 활동들은 학생들의 관심과 능력의 정도에 따라야 한다.
   ③ 새로운 활동들은 정기적으로 소개되고, 시도되어야 한다.

3) 학습자들이 참여하도록 내가 어떻게 동기를 일으킬까?
   ① 그들이 학습에 흥미와 목적을 갖고 참여하도록 하기 위한 주의 깊은 전략을 세워야 한다.
   ② 이런 전략에는 다섯 가지의 요소인 시작의 제시, 선택, 탐구, 창의력, 끝맺음이 있다.

4) 내가 할 질문은 무엇인가?
   ① 질문은 매우 중요하고 필요한 활동이다.
   ② 기본적인 질문은 미리 작성하는 것이 도움이 된다.
   ③ 교사가 사용할 수 있는 세 가지 질문단계인 정보, 분석, 개인적인 질문이 있다.

5) 이 수업시간 동안에 학생들이 선택할 것은 무엇인가?

① 학습자의 선택은 보다 큰 동기와 참여로 이끈다.

② 학습안의 작성에, 각 단계에서 학생이 선택할 것을 고려한다.

③ 학습자의 선택을 토의하고 평가해야 한다.

6) 내가 해야 할 지시는 무엇인가?

① 학습활동의 성공은 교사가 하는 지시에 따라 결정된다.

② 참여는 교사의 지시에 의하여 지도되어진다.

③ 지시는 말뿐만 아니라 볼 수 있어야 한다.

④ 지시는 여러 단계들 안에서 주어져야 한다.

7) 학습자가 활동을 한 후에, 내가 어떻게 반응할까?

① 학습자를 위한 교사의 격려는 보다 더욱 참여로 이끈다.

② 학습자는 교사로부터의 반응이나 말을 개발할 수 있다.

3. 공과 학습의 정의

어린이(또는 청소년)들이 주일학교에 나오면, 우리는 하나님께서 사람에게 자신을 나타내신 책인 성경을 가르친다. 그들이 사람에 의하여 인도되어서 왔든, 자의적으로 왔든지 주일학교에 출석한 것은 성령님의 인도하심으로 말미암은 것이다. 하나님께서 부르지 않으시면, 교회로 오지 못한다.

이렇게 그들을 교회로 모아 주신 성령님은 그들의 마음에 하나님의 말씀을 배우려는 의지를 품게 하신다. 즉, 말씀을 사모하게 하시는 것이다. 무엇인가 알고 싶어 하는 마음, 배우고자 하는 의지를 지닌 그들을 위하여 우리는 가르침에 대한 준비를 해야 한다. 주일학교에서 배움이 일어나도록 해 주어야 한다.

한마디로, 어린이(또는 청소년)들은 배워야 한다. 그리고 그들의 배움을 위하여 교사들은 가르쳐야 한다. 가르치되, 반드시 하나님의 말씀을 가르쳐야 한다. 이때, 교사가 가르친다고 하는 것은 학습자가 배운다는 사실과 같다.

학습의 지도이론에 따르면 가르치는 것과 배우는 것은 상호작용에 의해 일어나는 것이다. 즉, 가르침과 배움은 따로 떼어 놓을 수 없다. 가르치고 배우는 일은 분리가 아니라 동시성을 갖는다. 교사가 잘 가르쳤다는 것은 어린이들이 보다 풍부하게 학습했다는 사실과 일치한다.

교사와 학습자는 교재를 통해서 교육목표를 달성하는데, 교사는 가르치는 일을 하고, 학습자는 배우는 일을 통해서 교재의 내용을 학습한다. 즉, 교재가 목적하는 방향으로 나아갈 수 있게 되는 것이다.

훌륭한 교수는 효과적인 학습이라는 개념과 동일하다. 여기에서 우리는 교사의 역할이 얼마나 중요한가를 확인하게 된다. 왜냐하면 교사가 가르치는 내용에 따라 학습이 이루어지기 때문이다. 교사가 불성실하게 가르치면서 아이들이 훌륭하게 배워주기를 기대한다는 것은 실로 어리석기 그지없는 일이다. 우리는 교수와 학습의 관계를 하나의 도식으로 구성해 봄으로써 보다 분명히 개념을 이해할 수 있다.

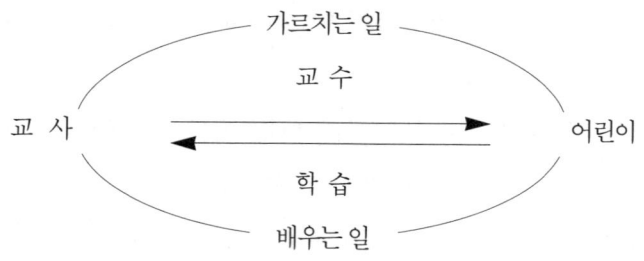

1) 목적 중심의 교수 - 학습

전통적으로 교수 - 학습은 교사 주도형의 형태를 지녀왔다. 이것은 목적중심의 교수 - 학습이기도 한데 내용 중심, 목표 중심, 교사 중심의 형태로서 주입식 방법의 교수 - 학습이다.

교사 주도형의 교수 - 학습은 본질주의 교육철학에 근거를 두고 있다. 본질이라고 여겨지는 원천적인 진리를 교육의 내용으로 삼고 있는 것이다. 그 까닭에 본질주의 교육의 핵심은 내용 중심이 될 수밖에 없다. 따라서 교사 주도형의 교수 - 학습은 교사에 의하여 가르치고자 하는 내용이 잘 전달되었는가에만 관심을 두고 있다.

목적 중심의 교수-학습이 지니고 있는 특성은 이렇다.

① 학습의 내용과 자료를 절대시한다.
② 목표 성취에 역점을 두고 있다. 곧 교수-학습은 목표 성취를 위한 수단에 불과하다.
③ 교사 중심의 학습지도로 일방통행이다. 학습자는 교수-학습에 전혀 고려되지 않는다.
④ 학습의 지도는 강의식, 곧 주입식 방법이다. 교사의 전달에만 의존한다.

교사 주도형의 교수-학습은, 교사에 의하여 결정되며 이끌어 가는 수업형태로서 교사가 교재의 내용을 주입해 주는 강의식 교수법이다. 여기에 학습하는 학습자는 피동적일 수밖에 없게 된다. 오늘날, 우리들의 주일학교에서 많이 사용되고 있는 교수-학습의 형태가 바로 이 유형이다.

교 사 → 교 재 → 어 린 이

2) 과정 중심의 교수-학습

학습자를 교실에서 학습에 능동적으로 참여시키고, 그가 학습의 주체가 되어야 한다는 이론에서 과정을 중요시한 교수 - 학습의 형태가 제시되었다. 이것은 교사주도형의 형태와 상반된 이론으로 삶의 중심 및 학습자를 중시하고 경험에 가치를 둔 교수 - 학습이다. 진보적인 형태라고 볼 수 있다.

과정을 중요시하는 교수 - 학습은 진보주의 교육 철학에 근거를 두고 있다. 역사와 세계 자체가 점진적으로 진화하는 진전의 과정이라고 보는 까닭에 교육을 진화론적인 입장에서 분석하고 있다. 즉, 교육이란 사람이 사회적 환경에 바르게 적응하는 방법을 연습해 나가는 과정을 말하는 것이다.

이것을 교육체계에 이론화한 사람이 존 듀이John Dewey였다. 그에 따르면 "한 자아의 성장과 발전은 자신 안에서 이루어지는 자율적인 행위가 아니고, 자아와 사회 사이에 상호작용에 의해 이루어진다"는 것이었다.

이를 종합해 볼 때, 과정을 중시하는 교수 - 학습은 사람과 세계, 자아와 사회사이의 상호작용에서 참 교육이 이루어진다고 보는 이론이다.

과정 중심의 교수 - 학습이 지니고 있는 특성은 이렇다.
① 학습자의 삶 그 자체를 중요시하고 있으며, 교육의 내용으로 다룬다.
② 학습자를 교수 - 학습의 주체로 여기고 있다. 학습하는 사람 중심의 교육행위를 강조하고, 교사는 학습자의 학습을 돕는 역할을 한다.
③ 경험을 중요하게 취급하다. 어린이(또는 청소년)가 경험을 통해서

학습할 수 있도록 하며, 학습자의 경험에 초점을 두어서 교수-학습이 행해지도록 하는 것이다.

과정 중심의 교수-학습은 두 가지 양식을 취한다.

하나는, 교사와 학습자의 부딪침-상호작용이라고 일컬을 수 있다. 여기에는 정해진 교재가 필요 없다. 교사와 학습자가 교재인 것이다.

또 하나의 형태는 인격적인 관계구조에서 비롯되는 교수-학습이다. 교사는 학습자의 위치에서 교재를 마련한다. 그리고 교사와 학습자가 교재에 대한 반응을 나타낸다.

이와 같은 형태의 교수-학습은 교사와 학습자를 역동성이 있는 관계로 묶어준다.

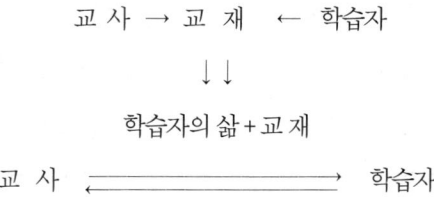

3) 만남을 지향하는 교수-학습

이제, 우리는 세 번째가 되는 교수-학습의 형태에 대하여 생각할 차례가 되었다. 이 형태는 기독교 교육이 일어나는 학습현장의 교수-학습형태라고 할 수 있겠다.

주일학교에서 가르치는 내용은 하나님이다. 성경을 가르치고 배울 때 하나님께서는 교재를 통해서 교사와 어린이(또는 청소년)에게 말씀하신다. 이것은 동시에 일어나는 작용이다. 이때, 교사와 어린이(또는 청소년)는 각각 하나님의 말씀에 응답하게 된다.

루이스 쉐릴L. S. Sherrill은 이를 하나님과 사람의 수직적인 만남이라고 정의하였다. 이 형태는 주일학교에서 수용해야 하는 교육구조이다.

교수-학습의 장에서,

우선 교사와 어린이가 하나님을 만나고(수직적 관계),

하나님과의 만남에서 응답을 하는 과정이 있게 되며(수평적 관계),

하나님이 곧 교육의 내용이 되는 교재를 학습 받게 된다.

만남을 지향하는 교수-학습 형태의 특성은 이렇다.

① 목적 중심의 지식 우선이고, 과정 중심이 삶을 우선한다면 만남을 지향하는 교수-학습은 지식 및 삶을 중요시한다.

② 교사와 학습자 사이에 새로운 관계구조와 역할을 의미한다. 이 관계는 하나님을 중심해서 비롯한다.

③ 역동적으로 교수-학습을 진행한다. 역학은 교육에 응용되는 효과적인 방법-기술이다. 격동적인 교수-학습은 학습의 장을 능동적으로 만든다.

하나님께서 교사와 어린이(또는 청소년)들을 만나 주시고, 또한 교사와 어린이는 이 만남에서 하나님께 응답을 하며, 이 과정에서 교사와 그들의 새로운 관계구조가 형성되고, 나아가 교사와 그들이 교재를 만나고, 교재가 요구하는 사항에 응답하는 만남을 지향하는 교수 - 학습이 주일학교 교육현장에서 이루어져야 한다.

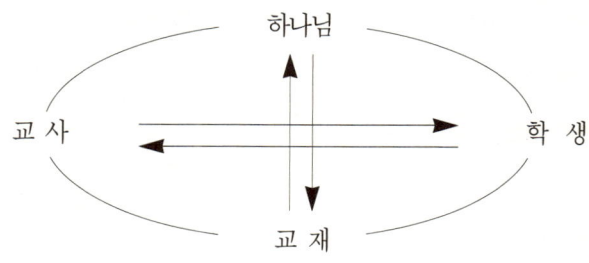

4. 교사와 위임 - 학생들의 삶을 변화시켜라

주일학교 교장으로부터 교사 임명장이 수여된다. 교사는 이 임명장에 권위를 두고서 가르치는 일을 한다. 우리는 하나님께서 이 위임장을 주셨다는 사실을 기억하고 있어야 한다. 우리가 받은 위임장은 매우 간결한 문체로 작성되어 있다.

이보다 더 세련되게 작성된 임명장이 또 어디에 있겠는가? 아주 짧은

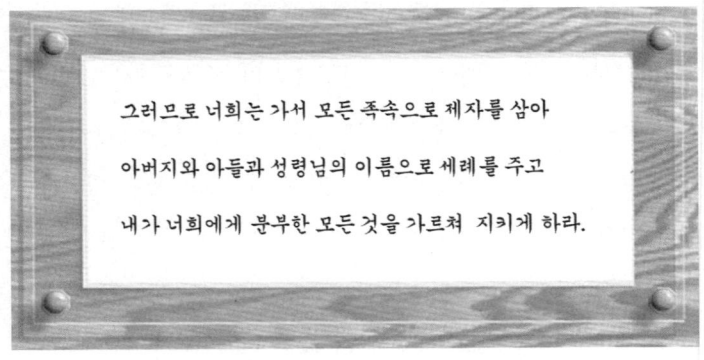

그러므로 너희는 가서 모든 족속으로 제자를 삼아 아버지와 아들과 성령님의 이름으로 세례를 주고 내가 너희에게 분부한 모든 것을 가르쳐 지키게 하라.

문장, 스물 하나의 음절밖에 필요로 하지 않으면서도 교사의 일이 정확하게 명시되어 있다.
- 가서
- 제자를 삼아
- 가르쳐 지키게 하라.

이 임명장에는 '가서 가르치라'고 되어 있다. 교사의 일은 가르치는 것이다. 가르치되, 가르침을 받은 것을 지키도록 해야 한다. 다시 말해서 학습자가 배운 모든 것을 지키도록 해야 한다는 것이다.

우리는 어린이(또는 청소년)들에게 지키도록 가르치기 위해서 예수님을 본받아야 한다. 주님께서는 가르치는데 그치지 않으셨다. 예수님에게 가르침을 받은 사람들은 말씀을 듣고 난 다음에 그들의 행동이 달라졌다. 그들은 배운 대로 변화된 삶을 살았던 것이다.

교사는 사람의 삶을 변화시키는 것을 목적하는 사역자다. 사람을 변화시킨다는 것은 참으로 거룩한 일이다. 그들의 생각을 변화시키고, 달라진 행위의 삶을 살도록 하며, 진리의 사람으로 이끄는 일이 바로 우리들에게 맡겨진 것이다. 이 거룩한 사역을 위해 하나님께서 교사에게 위임장을 주셨다.

그러므로 우리는 교수-학습의 장을 통해서 위임받은 지상과제를 완수해야 한다는 각오를 새롭게 해야 하겠다. 그리고 성실히 자기 직무를 감당하는 충성하는 종이 되어야 한다.

가르친다는 것은 무엇인가? 이 물음은 교육의 의미를 찾는 작업이다. 우리는 가르친다고 할 때, 적어도 가르침의 뜻을 분명히 이해하고 있어야 한다. 가르친다는 것은 여러 각도에서 해석되어진다. 모르는 사실을 알게 해주는 일도 가르치는 일이요, 그릇된 상태를 바로잡아 주는 것 역시 가르침이다. 뿐만 아니라 계몽적인 것도 가르침에 포함된다.

지금, 그들이 예수님을 개인적으로 안다고 고백하는 것이 불신자와 다른 삶을 살게 하는 요소인가? 우리가 그들을 대상으로 설문조사한다 하여도 거기에 대한 대답은 '반드시 그렇지 않다'라고 나올 것이다. 확실한 것은 이 조사에서 그리스도인과 비그리스도인의 도덕적(혹은 비도덕적) 행위에는 근소한 차이가 있음을 지적할 수 있다는 사실이다.

왜 그런가? 어린이(또는 청소년)들은 그들 자신이 알고 있는 지식과 그들이 하는 행위가 다르기 때문이다. 그들은 성경의 교훈은 알지만 그 영원한 진리를 자신의 삶 속에서 매일 일어나는 일과 연관시키는 방법을 모른다.

주일학교에서 교사의 우선적인 사역은 그들을 가르쳐서 지키도록 하는 일이다. 우리는 여기에 교수 - 학습의 목표를 두어야 한다. 우리가 가르치는 것과 지키게 할 것은 무엇인가? 다시 말하자면, 교수와 학습의 목적과 목표가 무엇인지 규명해야 한다는 것이다.

교회교육의 목적은 구원이 아닌 성화Gloryfication이다. 우리가 주일학교에서 교육 목적을 구원에 두고자 할 때, 성화의 결핍이 일어나고, 신앙과 생활이 유리되며 주일에만 교회에 나오는 거룩한 Sunday-Christian이 양산되는 결과를 초래한다. 교회교육의 목표는 여러 가지가 있을 수 있다. 그러나 궁극적으로는 성화를 이루기 위한 방안이거나 과정이어야 한다. 이것은 개인에게와 교회공동체의 경우에도 같다.

교사들이 할 수 있는 가장 중요한 일은 성령님께서 어린이(또는 청소년)들을 가르쳐 주시기를 기도하는 것이다. 그들이 그들 속에서 역사하시는 성령님께 민감해질 때, 그들은 점진적으로 하나님의 말씀을 그들 자신의 일부분으로 만들어 갈 것이다.

우리는 우리의 가르침 속에서 살아있는 삶의 예를 들려주어야 한다. 예를 들어, '성도들의 필요를 채워 주시는 하나님' 에 대해서 공부한다고 하

자. 우리는 한 몸된 교회 안에서 특별한 기도의 응답을 받은 사람의 실례를 그 배움으로 끌어당길 수 있다.

또한, 그들의 삶의 현장에서 예를 이끌고 오는 것이다. 그것은 그들의 음악, 학교생활, 문제와 기쁨의 한 현상이 되고 있는 그들의 문화 속으로 파고 들어가야 하는 것을 의미한다. 우리는 이렇게 함으로써 성경이 그들의 선택을 어떻게 판단하는지를 가르칠 수 있다.

객관적인 중심에서, 우리는 사랑으로 이 일을 해야 함을 명심해야 한다. 그러나 삶의 변화를 추구하는 교사의 관점이, 하나님의 진리보다 교사 자신의 개인적인 견해를 드러내는 것이 되지 않도록 주의해야 한다.

어린이(또는 청소년)들이 배운 진리를 삶에 적용하도록 이끄는 구체적인 방법은, 그들로 하여금 생각하게끔 만드는 것이다. 예를 들어, 좋은 사례 연구는 성경 지식을 생생한 삶의 현장으로 옮겨 놓도록 그들을 도와준다. 이것은 성경의 원리를 그들 자신의 문제에 적용하는 훈련이 된다.

삶의 변화에 도전할 수 있도록 하는 최고의 방법은 그들이 스스로 영적인 해결책을 발견하도록 씨름하게 하는 가르침이다. 이것은 어떤 경우에, 그들이 행할 바를 말해 주지 않고 그들 스스로 하나님과 그의 말씀 앞에 나아가 해답을 찾아내게 하는 것을 의미한다. 그것은 그들이 진리의 말씀을 붙잡고, 교사보다 하나님을 의지하도록 도우라는 것이다.

만약, 한 어린이(또는 청소년)가 교사를 찾아와서, "선생님, 제 친구가 숙제한 것을 빌려 달라고 하는데 어떻게 할까요" 라고 묻는다면 뭐라고 해야 할까? '빌려 주지 말라' 라고 해야 하는가? 그렇지 않으면, '빌려 주라고' 해야 하는가?

그것이 아니다. 빌려 주는 문제를 가지고 하나님께로 나아가도록 해야 한다. 가령, '그 문제에 대해 성경은 뭐라고 가르치는지'를 생각하게 해야 한다. 또는 그에게 합당한 성경 말씀을 주어야 한다. 그래서 그들이 교사를 의지하는 대신에, 반드시 주님께 나아가 주님의 명령을 따르도록 해야 한다. 여기에서 그들은 삶의 변화를 경험하게 된다.

우리는 이제, 로우젤이 정리한 것에 따라 가르침의 정의를 내려 보았으면 한다. 그는 가르침의 의미에 대하여 다음과 같이 간결하게 정리해 주었다.

① 말해주는 것이다. 또는 알려 준다, 설명해 준다는 낱말로도 표현할 수 있다. 알도록 말해 주는 일이야말로 가르치는 것이다.
② 지도하는 것이다. 곧 이끌어 주는 일로서 '인도' 라고 표현해도 좋다. 지도는 늘 가르침의 중심부에 놓여있다. 그것은 지도하는 일의 요청으로 가르치는 행위가 있게 되기 때문이다.
③ 나누는 것이다. 교사가 알고 있는 지식을 학습자들에게 나누어 주는 일을 가리킨다. 교사는 선험에 의해 깨닫고 획득한 진리를 학습자인

그들과 나눈다. 교사와 학습자의 관계는 나눔의 사이라고 볼 수 있는 것이다.

④학습자의 반응이다. 교사가 교재의 내용이나 어떤 지식으로 학습자들을 자극하는데서 그들의 반응이 나타나는 것을 가르침이라고 한다. 그들은 배울 때 반응이 일어난다.

⑤변화시키는 일이다. 가르쳤다고 하는 사실은 그만큼 달라졌다는 것을 나타낸다. 만일 학습자가 학습하기 이전에 비해 조금도 변화가 없다면 그것은 아무 것도 가르친 것이 없는 것이다. 가르침을 받으면 달라지게 마련이다. 생각이 달라지고, 행동이 바뀌기도 하는 것이다.

⑥발견하도록 한다. 학습자들은 교수 - 학습의 시간에 스스로 진리를 발견하다. 또한 교사는 가르침을 통해서 학습자들이 스스로 진리를 찾아낼 수 있도록 이끌어 주어야 하는 것이다. 학습자는 발견함으로써 배우게 된다.

⑦경험을 풍부하게 만들어 준다. 실제로 학습자들은 그의 경험을 통해서 새로운 지식을 습득한다. 교사는 풍부하고도 다각적인 경험을 제공하여, 그 속에서 진리와 부딪히도록 학급을 이끈다. 경험 이상의 교사는 없다.

이밖에도, 로우젤은 영감, 세우는 일, 자라게 하는 일을 가르침의 의미로 정리하였다. 그는 덧붙여서 모범을 보이는 것도 가르치는 일이라고 요약하고 있다.

우리가 주일학교 교사의 가르치는 일을 한마디로 요약한다면 이렇다. "성경을 가르치고 그 성경의 진리가 배우는 어린이(또는 청소년)들에게서 살아 활용될 수 있도록 하는 성령님의 도우심을 기도하고, 그들을 지도하며, 돕고, 용기를 북돋아 주는 일에 있어서 자기 자신이 성령님에 의해 사용될 수 있도록 자신을 허락하는 것이다."

어린이(또는 청소년)들이 하나님의 형상을 닮아가도록 하는 일이 교사의 최고 목표이며, 교사의 가르치는 일에 대한 목적이다.

교회 밖에서의 사역을 시도하라

1. 애들과 교회 밖에서 만나라

교회 안에서 자라나는 어린이(또는 청소년)들에 대한 하나님의 소망은 무엇일까? 그것은 사도들의 바램으로도 나타난 구원에 이르도록 자라는 것이다. 그리고 이 자람에 있어서 구체적인 모형은 예수님의 어린 시절이다.

우리에게 육체와 함께 지성과 감정, 의지가 있으며, 사회적인 존재라면 마땅히 예수님의 성장이 보여 주고 있는 모습을 자람을 향한 '준거틀'로 삼아야 한다. 누가복음 2 : 52을 찾아보자.

> "예수는 그 지혜와 그 키가 자라가며 하나님과 사람에게 더 사랑스러워 가시더라."

사람의 성장에서 나타나는 발달의 내용은 육체의 발달과 정신(지성)의 발달, 의지의 발달, 사회성의 발달 그리고 종교적인 특징이라 말할 수 있는 영성의 발달이 있다. 예수님의 성장과정은 다음과 같이 요약하게 해

준다.
- 그 키가 자라가며 …… 신체적인 성장
- 그 지혜와(자라가며) …… 지적인 성장
- 하나님과(사랑스러워 가시더라) …… 영적인 성장
- 사람에게 더 사랑스러워 가시더라 …… 사회적인 성장

우리는 교회에서 자라나는 아이들에게 대한 성장의 모델을 예수님에게서 찾아야 한다. 그리고 예수님처럼 자라도록 하는 일에 사역에로의 도전을 받아야 한다. 그렇다면 우리의 초점은 주일학교가 아니라 어린이(또는 청소년)들의 개개인의 삶이어야 한다. 우리의 과제는 한 시간의 공과공부가 아니라 그들을 키우는 것에 있다.

여기에서 교사의 직무를 이해해야 한다. 에베소서 4:12을 교사의 강령으로 삼아야 하는 것이다 : "이는 성도를 온전케 하며 봉사의 일을 하게 하며 그리스도의 몸을 세우려 하심이라."

그렇다면, 우리는 더 이상 '주일' 학교만을 고집해서는 안 된다. 우리가 자라나는 세대를 향하여 기독교 양육을 하기 원한다면, 지금의 주일학교의 형태를 뛰어넘는 확장 교육에 관심을 가져야 한다. 우리는 이러한 개념을 교회에서의 '열린 교육' 이라 이름붙여도 좋을 것이다.

이를, 평면적으로 말해 본다면, 시간적인 의미에 있어서 주일에만으로 국한되는 주일 - 교회학교가 아니라 주간 - 교회학교 또는 '평일' 교회학

교가 되어야 한다. 그리고 교회의 교육기관 명칭에 대하여 주일학교는 보수적인 교육을 의미하고, 교회학교는 진보적인 교육을 의미한다는 종래의 개념에서 자유로워져야 한다.

이와 같은 교육 형태에 대하여 별도의 명칭을 붙이고 싶지는 않다. 그것은 필자가 학자가 아니기 때문이다. 또한 전통적으로 한국 교회는 명칭에 대하여 예민한 정서를 갖고 있기 때문이기도 하다. 근래에는 '열린'이라는 사회적인 용어를 채용하여 '열린교육'을 말하기도 하는데 이것은 보수를 간직하려는 교회의 정서에 긴장을 초래하는 용어가 되기 쉽다.

2. 사랑으로 만날 계획을 세워라

어린이(또는 청소년)들과 함께 교실 밖에서 시간을 보내라. 이때, 주의해야 할 것이 있다! 우리가 이렇게 하는 동기에는 사랑이 있어야 한다. 그렇지 않으면 실패로 끝난다. 그들은 의무감에서 비롯되는 관심에는 분개한다.

그들은 사랑에서 비롯되는 관심에 반응을 나타낸다. 때때로 그들과 함께 5분간 공놀이를 하면, 교실에서 다섯 시간이상 하는 것보다 더 많이 한 어린이(또는 청소년)의 마음을 감동시킨다.

사실, 많은 교사들이 교실에서 공과에다 자기들의 전 시간을 보내지,

그들에게 전 시간을 보내지 않는다. 필자가 만났던 한 교사는 이런 말을 하였다. "내가 지금까지 가르쳤던 것 중에서 가장 좋은 공과는 내가 아이들의 눈을 들여가 보고, 그들의 행동을 주시해서 보고, 그들이 하는 말을 듣고, 그들의 필요를 깨닫고 그들의 필요를 채워주기 위해 나의 공과계획을 팽개치는 시간들이었다."

훌륭한 교사는 자신의 공과를 자기에게 맡겨진 양무리가 바로 지금 가지고 있는 필요들을 채워주는데 응용한다. 한 예를 든다면, 아브라함의 순종에 대한 공과는 사랑하는 사람을 잃어버리는 것과는 아무 상관이 없다. 하지만 형국이가 자기 할머니가 그저께 돌아가셨기 때문에 눈에 눈물이 고인 채 걸어 들어오고 있을 때, 애정 어린 교사는 아브라함의 순종을 하나님의 위대한 사랑과 위로에 관한 놀라운 이야기로 훌륭하게 바꿀 수 있다.

- "학생들이 어떤 필요를 가지고 있는지 제가 어떻게 알 수 있나요?"

만일, 우리가 그들을 충분히 사랑한다면, 그들이 어떤 필요를 가지고 있는지 찾아 낼 수 있고, 또한 찾아낼 것이다. 만일, 우리가 그들을 충분하고도 남을 만큼 사랑한다면, 찾아내지 않아도 될 것이다. 우리는 그들이 첫 번째로 이야기하는 사람이 될 것이다.

3. 교회 밖에서의 신앙교육

성경을 가르치고 익히는 학습현장에서 성경은 어떻게 해석되어져야 하는가? '성경이 어떤 책인가' 하는 질문에 우리는 무엇이라고 대답해야 하겠는가? 성경은 오늘을 사는 사람들에게 지금 말씀하시는 하나님의 말씀이다. 성경은 과거의 책, 지나간 이야기를 서술하고자 하는 책이 아니다. 그렇다고 미래만을 위한 책 역시 아닌 것이다.

매주일 오전에 어린이(또는 청소년)들 앞에서 성경을 가르치는 교사는, 다른 것은 아는 것이 없다 할지라도 성경이 오늘 말씀하시는 하나님의 말씀이며, 오늘을 사는 우리들에게 주신 메시지라는 사실만큼은 알고 있어야 한다. 교사의 성경에 대한 이해에 따라 성경이야기 시간이 성경학습이 되든지, 그렇지 않든지를 결정한다.

성경에는 숱한 이야기들이 많이 있다. 주일학교를 1년 이상만 다녀도 아이들은 성경의 내용을 대충 꿴다. 그래서 교사가 성경의 어느 책 몇 장 몇 절을 읽고자 하면 어떤 내용이라는 것을 알고 있어서, 교사가 들려주는 성경이야기를 듣는 것이 아니라 매직 테이프 magic tape 놀이를 즐긴다. 즉, 교사가 어떤 이야기를 할 것이라는 것을 생각해서 머리속으로 이미 성경이야기의 전개를 맞추어 나가는 것이다. 이러니 학습이 될 리 만무하다.

주일 오전의 공과학습에 의존하는 성경공부는 어린이(또는 청소년)들의 영적인 필요에 대하여 인식하게 하며, 자극하고 채워 주는데 불과할 뿐이다. 성경학습은 삶에서 비로소 달성되는 것이다. 이렇게 될 때 신앙은 삶이요, 삶은 신앙의 표현이 된다.

우리는 성경학습을 통해서, 성경이 오늘 하나님께서 말씀하시는 것으로 그들에게 들려져서 이 말씀에 반응하는 삶을 사는 지체들이 되도록 이끌어야 한다. 우리가 이 점을 깨달았다는 것은 큰 수확이 아닐 수 없다.

예배와 공과학습에만 초점을 두었던 성경학습의 고정관념에서 벗어나 교회교육의 학습현장을 넓히는 일부터 해야 한다. 그래서 그들의 삶이 곧 학습현장이 되어야 하고, 학습시간이 되어야만 할 것이다. 이어서, 교회 밖에서 할 수 있는 교육 프로그램을 찾아내어 교육활동을 벌여야 한다.

교회 밖에서의 교육활동을 시작하려는 이들을 위해서 몇 가지의 프로그램을 제시해 본다. 이제, 여기에 소개하는 내용들은 교과서적인 것들이 아니고 아이디어에 지나지 않는다는 사실을 미리 밝히고자 한다. 프로그램 한 가지, 한 가지에 당신의 생각과 기술, 그리고 당신이 지도하는 어린이(또는 청소년)들의 상태를 고려해서 진행해야 할 것이다.

1) 엽서 교실

주일 오전에 실시되었던 성경학습의 연장 프로그램이다. 성경학습은 성경의 내용을 배움 → 내용 속에 담겨진 진리를 발견함 → 발견한 진리를 자신의 삶에 적용시킴 → 진리에 순종하여 하나님께 반응을 드리는 삶이 있도록 하는 순서로 진행된다. 엽서 교실은 네 번째 과정인 진리에 대한 순종을 권면하면서 그날 배운 성경학습을 보충해 주는 작업이다.

교사는 주일 오후에 엽서를 작성해서 월요일 오전에 부치도록 한다. 그러면 화요일 오후에 어린이(또는 청소년)들이 받아볼 수 있다. 어린이들은 대개 화요일이 되면 지난 주일에 배웠던 성경공부의 내용을 제대로 기억하지 못한다. 따라서 엽서에 담겨진 내용은 지난 주일의 공부에 대한 기억을 강화시켜 준다. 그래서 삶의 현장에서 그들 스스로 성경공부를 하는 기회가 마련되는 것이다.

엽서가 주는 효과는 다양하게 나타나기도 한다. 월요일과 화요일의 동네 - 학교 - 취미 추구로 말미암아 주일학교가 관심 밖으로 밀려나는 데서, 다시 관심을 갖도록 하는 역할이 된다. 이에 따른 관심은 다음 주일의 예배에 참여하도록 하는 출석 동기를 제공해 준다. 나아가서는 엽서에 담겨진 '그리스도인의 삶'에 대한 격려는 그들로 하여금 신앙이 곧 생활이 되게 하는 자극이 되어 준다.

교사는 엽서에다가 지난 주일의 성경 학습뿐만 아니라, 순종의 삶에 대한 구체적인 실천사항도 제시해서 그대로 행하도록 한다. 그렇게 하여 작은 크기의 엽서지만 최선의 교재가 되도록 해야 한다.

한편, 엽서는 그들로 하여금 교사의 사랑에 흠뻑 젖도록 한다. 엽서를 쓰면서 교사는 그들을 지체로 여기면서 더욱 사랑하게 되고, 그들은 엽서를 받아 읽으면서 그 글 뒤에 담겨진 교사의 사랑을 뜨겁게 느낄 것이다.

2) 주간 전화상담

월요일부터 시작된 한 주간의 생활 속에서 어린이(또는 청소년)들은 말 그대로 세상에 파묻혀 지낸다. 어떤 통계에 따르면, 조사대상자 98명의 어린이들 가운데, 한 주간 동안에 교회에 대해 전혀 생각해 보지 않고 지내는 아이들이 64명이나 되었다. 뿐만 아니라 성경을 단 한 줄이라도 한 번 이상 읽어본 어린이들이 11명에 지나지 않았다.

이 조사는 서울에 있는 ○○ 교회 주일학교에서 무작위로 아이들을 뽑아서 알아본 것인데, 여기에서 우리는 대부분의 어린이들이 '주일 신자' Sunday Christian 생활을 하고 있다는 것을 알게 된다.

이 같은 상황에 대처해서, 교사는 전화를 이용하여 생활 속의 신앙인이 되도록 이끌어야 한다. 주간 전화상담은 어린이(또는 청소년)를 전화로 방문해서 상담활동을 벌이고 온전한 믿음의 삶을 살도록 이끌어 주는 작업이다.

우리는 요일별로 전화상담의 날짜를 정한다. 하루에 단 한 차례로 여러 지체들에게 전화를 하고, 상담을 벌이는 것은 무리이다. 그것은 상담이라기보다는 교사의 의사전달에 그칠 우려가 있다. 상담은 어디까지나 개별적으로 진행되어야 하고, 피상담자에게 보다 깊은 관심을 나타내어야 한다.

그러므로 하루에 두 명 또는 세 명(그 이상은 넘지 말라)의 어린이(또는 청소년)와 전화상담을 벌인다. 상담에서 다루게 될 내용으로는 '그가 지금 어떻게 지내고 있는가?'를 파악하는 일을 비롯해서 크고 작게 겪는 갈등들을 조정해 주며, 현실을 극복할 수 있도록 도움말을 해주는 것 따위로 한다.

여기에서 우리는, 우리의 영원한 도움은 하나님께 있음을 일러 주어서, 어린이(또는 청소년) 스스로 하나님께 나아가도록 한다. 교사는 우리의 삶에 있어서 영원한 인도자는 예수 그리스도라는 사실을 환기시켜 줌으로써, 그가 예수 그리스도를 중심한 삶을 영위하도록 돕는다.

주간 전화상담은 주로 '생활 속의 그리스도인'이 되도록 양육하는 작업의 성격을 띠게 된다. 이 상담에서 지난 주일에 공부했던 성경학습의 내용 가운데 삶에 적용하는 문제들을 다루는 일은 일거양득이 될 것이다.

3) 주간 학습교재의 배부

주간 성경공부를 위한 교재를 활용한다. 일반적으로, 공과교재가 다루고 있는 내용과 주일학교의 교육목표는 다르게 마련이다. 그래서 대개 개교회 주일학교의 교육내용에 맞추어서 오후 활동이나 특별 교육 프로그램을 작성한다.

교회의 전체적인 교육계획에 맞추어서 어린이들이 혼자서 할 수 있는 성경학습 교재를 만들도록 한다. 이것은 주간 단위로 가정에서 해볼 수 있는 주간 성경공부가 되도록 작성한다. 다양한 성경공부의 방법을 적용해서 학습지를 만들어서 어린이(또는 청소년)들로 하여금 과제물로 활용하도록 한다. 성경고사의 형식을 빌어서 문제를 출제하여 답을 쓰는 과정을 통해 성경을 학습하도록 하는 방법도 있다.

여기에는 기술적인 몇 가지 방법이 있다. 성경을 한 장, 한 장 익혀가는 방법이 있으며, 주제 또는 내용별로 학습하는 방법이 있다. 기본적으로, 교리의 학습도 성경공부(공과공부)의 보충학습으로 훌륭한 과정이 된다. 그밖에 사도신경, 주기도문 따위를 다루는 일이 유익할 것이다.

어떤 내용을 다루든지, 서술 형태로 학습의 내용을 쓰고, 답을 쓰는 과정을 통해서 배운 것을 확인하도록 하는 문제를 출제한다. 이것은 학습에 대한 검증의 역할을 한다.

4. 대화를 준비하여 즐겨라

1) 반목회의 일차적인 도구 - 대화

반목회 사역을 섬기는 과정 중에서 가장 많은 부분을 차지하는 것이 있다면, 어린이(또는 청소년)들과의 대화다. 또한 우리가 그들을 섬기는 가장 중요한 기능을 하나 든다면 역시 그들과의 대화이다.

대화는 사역자와 섬김의 대상을 연결해 주는 통로다. 간단한 인사말이나 농담과 같은 일상적인 것에서부터 복음의 의미에 대한 깊이가 있는 내용에 이르기까지 어린이(또는 청소년)들과의 대화는 반목회의 필수불가결한 요소다.

그러나 이 대화가 항상 원활하게 이루어지는 것만은 아니며 때로는 우리가 처리하기 힘든 상황에 이르기도 한다. 더구나 그러한 대화가 단순한 이야기의 수준이 아닌 적어도 어린이 입장에서는 중요한 신앙상의 문제나 교리를 이해하는 과정에 있어서 제기될 수 있는 내용을 담고 있다면 교사로서 더더욱 신경을 쓰지 않을 수 없다.

우리가 그들과 대화를 한다는 것은 어찌 보면 쉬운 것도 같지만, 실제에 있어서는 대단히 힘이 드는 작업임에 틀림이 없다. 그것은 그들에게 쏟는 교사의 정성이 부족해서이기도 하겠고, 또 요즘 어린이(또는 청소년)들의 특성에서 기인하는 것도 있다.

그러나 많은 경우에 있어서 실질적인 문제의 키key 가 되는 것은 우리와 그들이 대화하는 방법에 있어서의 차이와 그러한 차이점에 대해서 교사가 잘 모르고 있다는 점에서 찾아볼 수 있다. 사실, 주일학교 교사가 가장 두려워하는 것은 행사준비나 교사들 사이의 인간관계에서 발생하는 문제가 아닌 어린이(또는 청소년)와의 만남에서 겪게 되는 좌절감이다.

이는 대화의 어려움이나 의사소통의 난점만을 말하는 것이 아니다. 그들과 나누는 대화 속에서 다가오는 하나님에 대한 자신의 무지함, 그리고 그런 자신이 그들과 함께 하나님의 일에 동참하고 있음을 발견하는 교사로서의 자아정체감self - identity에 대한 문제까지 포함한다.

어린이(또는 청소년)와의 대화는 여러 문제점을 노출시키는 하나의 창구와 같은 역할을 하기도 하지만, 이 통로를 적절히 이용한다면 그들과의 새로운 관계를 형성하는 것은 물론 교사로서의 자신감 형성, 나아가 그들과의 만남 안에서 역동적으로 활동하시는 하나님의 존재를 발견하는 좋은 기회가 된다.

2) 대화를 통한 교사와 어린이(또는 청소년)들의 인간관계

교육, 특히 영혼을 포함한 전인적인 변화를 추구하는 반목회는 인격적인 만남이 전제될 때 비로소 가능하다. 이 만남은 진솔한 대화를 매개로 한다. 소리는 많지만 대화는 없다는 말이 있다. 이는 일상생활에서의 맹목적인 우리들의 언어소통의 한 면을 말하는 것이다.

인간은 본래부터 관계의 존재로 지음을 받았으며, 인간의 관계를 가능하도록 하고 존속시키는 가장 중요한 수단은 대화다. 대화라는 단어의 사전적 의미는 '서로 대면하여 하는 이야기' 다. 대화를 상호간의 의사소통communication이라 할 때는 com—공통된 내용을, municate —서로 분배하는 것, 즉 '의미를 공통으로 나눈다' 는 뜻이 담겨있다.

성육신하신 예수님의 모습에서 인간은 하나님과 대화 할 길을 찾았고,

그로 인해서 근원적인 죄악의 치유가 비로소 가능하게 되었다. 하나님도 인간과의 만남을 위해 가능한 대화의 방법으로 성육신이라는 초자연적인 은총을 인간에게 내리신 것이다. 이로써 하나님과 인간은 대화 있는 만남, 교제가 회복된 것이다.

오늘의 어린이(또는 청소년)들은 대화 있는 만남을 필요로 한다. 문제는 여러 가지를 이유로 하여 그들의 대상자(교사)들이 그들과 대화를 못한다는 것이다. 때문에 효과적인 대화의 기술을 익히고 증진시키려는 노력은 청소년 대상자들에게 있어서 이루어야 할 필수적인 교육과제다. 성령님께서는 그들의 준비된 언어를 사용하셔서 역동적으로 주의 뜻을 이루신다.

어린이(또는 청소년)들은 대화를 원하지만, 막상 대화를 하려 할 때, 입을 굳게 다문다. 그들은 대화가 안 된다고 하소연한다. 이와 비슷한 상황은 부모와 자녀 사이에서 뿐 아니라 교사와 어린이, 성인과 청소년, 선후배 사이에서 흔히 볼 수 있다. 이때 그들은 대화하기보다는 침묵하면서 한 마디로 요약한다.

'대화가 안 통해요!'

대화가 이루어지지 않는 만남은 성숙되지 못하며 이런 관계는 신뢰가 파괴되고 정상적인 공동체를 이룰 수 없다. 더불어 교육도, 상담도, 양육도 무위로 돌아가게 됨은 물론이다.

많은 어린이(또는 청소년)들이 문제를 가지고 있다. 그리고 그들이 지닌 문제들이 해결되지 않은 상태에서 좋은 학습은 이루어질 수 없다. 그런데 그들은 책보다는 오히려 우리를 통해서 배울 수 있어야 한다. 거의 대부분, 그들이 문제행동을 일으킬 경우에, 교사는 그것에 대해 불가능하다는 메시지를 보낸다. 이것이 바로 비수용적 언어인데 이는 쓸모가 거의 없다.

이러한 비수용적인 대화술에는 다음과 같은 12가지의 태도가 있다.

- 전형적인 반응

a. 명령이나 지시를 한다.

b. 경고와 위협을 한다.

c. 도덕적으로 가르치거나 의무를 부과한다.

d. 충고를 하거나 해결책과 방안을 제시한다.

e. 가르치려 하거나 논리적인 의견을 제시한다.

- 어린이의 부당함을 지적함이 도움이 된다고 여길 때 반응

a. 그들을 판단하고 비판하며 의견불일치를 드러낸다.

b. 욕설을 하거나 상투적인 말을 한다.

c. 상황을 해석하고 분석하며 진단한다.

- 문제가 없다는 위로의 반응
a. 겉도는 칭찬을 하거나 동의를 표하고, 긍정적인 평가를 하려고 한다.
b. 안심시키려고 하며 동정과 위로를 한다.

- 교사가 해결책을 찾아주려는 반응
상황에 대한 질문을 하거나 조사와 심문을 한다.

- 도피적인 반응
움츠려 들거나 주의를 전환시키려고 풍자와 유머를 사용하며 기분전환을 위해 노력한다.

우리의 대화가 풍성해지기 원한다면 대화에 인격을 동반해야한다. 우리가 그를 찾아갈 때, 교사의 마음에는 그들에게 관심을 기울이고 있음과 그를 이해해 주고자 하는 자세가 갖추어져 있어야 한다.

3) 좋은 대화의 분위기를 만들기 - 능동적인 경청의 기술
대개의 어린이(또는 청소년)들이 의사를 전달할 때는 공통점이 있다. 자신의 감정이나 문제점을 그대로 말한다기보다는 어떤 기호화된 상태로 전달하는 경우가 많다. 여기에서 능동적인 경청은 그들의 메시지에 대한 교사의 해독을 그들에게 다시금 확인해 보는 것이다.

'피드백'을 하는 이 과정이 바로 '능동적인 경청'이다. 능동적인 경청의 사용은 적어도 문제해결 과정의 시작이며 카타르시스적인 정서를 발산하게 하며, 그들이 대화를 할 수 있는 상태로서 교사를 보게 한다. 이 피드백의 과정이 계속되면서 대화가 바람직하게 이끌어져 간다.

우리는 그들을 이해하고 용납하기 위해 다음과 같은 부분들을 더 강화시켜야 한다.

○ 호감을 사는 방법
 - 따뜻한 호감을 보여라.
 - 웃음 띤 얼굴로 대하라.
 - 이름을 꼭 기억하라.
 - 상대방의 말을 듣는 사람이 되라.
 - 진실로 칭찬을 하라.

○ 설득하는 방법
 - 중요감을 갖도록 하라.
 - 상대방의 입장에서 서서 생각하라.
 - 가능한한 논쟁은 피하라.
 - 상대방의 잘못을 지적하지 말라.
 - 실수를 인정하라.

- 긍정적으로 대답할 수 있는 문제를 골라라.
- 편안하게 말하고, 생각을 하도록 유도하라.
- 좋은 감정을 불러 일으켜라.

○ 사람을 교화하는 방법
- 우선 칭찬부터 하라.
- 자신의 실수를 털어놔라.
- 명령조로 말하지 말라.
- 체면을 잃지 않도록 배려하라.
- 작은 일에도 신경을 써줘라.
- 기대를 걸어라.
- 자상하게 격려하라.

5. 토요일 밤을 체크해 주어라

우선적으로 점검해 보아야할 것은 주일학교의 주보를 통해서 전체적인 주일학교의 흐름을 기억하도록 돕는다. 이번 주일에는 무엇이 있고, 어떤 공부를 하게 되며 어떤 행사를 하는지 확인시켜 주고 어린이와 함께 내일 있을 주일학교에 어떻게 참여할 자에 대해 이야기를 나눈다. 그리고 묻는다.

"너는 이러한 모임에 이렇게 참여하면 어떻겠니?"

"성가대 모임이 재미있니?"

"그래, 참 나는 네가 이러한 일을 해보는 것이 무척 대견스럽고 자랑스러워!"

그들의 관심과 흥미를 유발시키고 참여할 수 있는 동기를 갖도록 격려하는 것이 무엇보다도 중요하다.

성경공부의 점검도 토요일 밤에 해야 하는 중요한 일이다. 그 주일에 해야할 성경공부의 예습 부분이다. 학교공부에 대한 관심을 가지듯 성경공부의 예습에 대해 반드시 관심을 가지고 점검하라! 학습은 예습으로 절반은 확인하는 법이다.

그러나 결코 우리는 "너 성경공부 예습 다 했어?" 또는 "요절은 다 외웠니?" 라고 하지 말라. 아이들은 공부에 너무 지겨워하고 있으니 공부로 접근하기보다는 그들의 삶에서 자연스러운 방법을 택하라. 예를 들면, 우리는 간접화법을 통해서 이렇게 할 수 있다.

"내일 해야 할 성경 여행의 준비는 다 되었니?"

"어느 부분을 준비해야 하니?"

이것은 어린이들이 새로운 것에 호기심을 가지고 흥미를 보이는 것처럼 성경을 공부하는 것은 성경시대로 여행을 한다는 것에 착안한 방법이다. 만약, 어린이(또는 청소년)가 준비가 안 되었다면 "우리 여행을 같이 하지 않을래?" 라고 격려하면서 같이 하여 주라.

마지막으로, 참여에 대한 준비이다. 헌금을 준비할 때, 정성스럽게 하라고 말하고, 드리기 전에 마음속으로 주님께 감사하다는 말을 하도록 요청하라? 필기도구를 준비하고 성경과 찬송가 및 공과책을 가방에 담아 잘 정리하도록 하라.

이것이 정리되면, "즐거운 요절 외우기 시간입니다!" 라고 하며 요절을 같이 암송하라! 자연스럽게 대화 분위기로 이끌어 갈 수 있는 상황이 전개된다. 이것이 토요일 밤을 지내는 지혜이며, 당신의 아이들을 지혜롭게 하는 지름길이다.

양육을 위한 상담을 하라

06

최근의 급변하는 사회 속에서, 교회에서의 신앙교육을 말할 때, 반목회의 기능과 교사의 역할에 대한 재검토 작업이 활발히 전개되어 가고 있다. 특히 교사의 역할론이 크게 부각되고 있다. 산업의 발달과 핵가족화로 인하여 외동이나 형제가 대부분인 아이들은 대화의 창구가 적어지고, 또한, 한정되어 있는 형편이다. 이렇다 보니, 그들의 관심사는 극단적 파괴행위, 즉 오락실이나 폭력만화 등에 관심이 쏠리고 있다.

그러므로 그들이 참된 대화를 나눌 수 있는, 신뢰감 있는 바람직한 인간관계를 추구하도록 도와주어야 한다. 여기에서 교사의 적극적인 역할을 기대하게 되는 것이다. 하나님께서 교사에게 주일학교의 반을 맡기시고 소망하시는 것은 무엇일까? 그것은 그들의 온전함에 이르게 된다.

1. 돕기 위한 관찰과 상담

어린이(또는 청소년)의 반목회에 대한 제일의 열쇠는 사역자가 그들을 얼마만큼 알고 있느냐에 있다. 그들을 아는 것이 깊어지면 깊어질수록 그만큼 그들에 대한 지도방법이 뛰어나게 마련될 수 있다. 어린이(또는 청소년)를 지도하는 방향이 그들에 대한 이해에서 비롯되기 때문이다. 분반을 섬기는 사역자에게는, 그가 양무리의 영혼을 책임지고 있다는 사실에서도 그들을 관찰하고 돌보아야 하는 의무가 주어져 있다.

그러므로 우리는 그들을 이해하기 위해서 관찰해야 하고, 관찰된 것을 기본적인 자료로 하여 반목회를 해야 한다. 우리는 끊임없이 그들을 관찰하여, 그들의 삶을 건강하게 만들어 주어야 한다. 한 명의 어린이(또는 청소년)가 온전한 사람이 되어 가는 과정에는 반목회가 절대적으로 필요하다. 그들의 편에서 교사는 언제나 선한 목자가 되어 푸른 초장과 쉴만한 물가로 인도해주어야 하기 때문이다.

그들을 관찰한다고 할 때, 어디에 관심을 두고 무엇을 살펴야 하겠는가? 어린이(또는 청소년)들이 수시로 입학되고 있으며, 결석을 했어도 즉시 결석에 대한 이유를 알 수 없는 오늘의 주일학교 현장에서 그들에 대한 파악이 제일 먼저 선행되어야 한다.

- 나이와 성격
- 가정의 형편
- 삶이 있는 주거환경
- 가정의 경제적인 상태
- 가족의 종교적인 환경
- 부모가 어린이에게 갖고 있는 기대

대개 이와 같은 내용들이 주의 깊게 관찰되고 그들의 현주소를 알아야 한다. 당신은 분반의 양무리를 얼마나 알고 있는가? 알도록 노력해야 한다. 왜냐하면, 그들을 한 마디로 표현한다고 할 때, 1천 미터를 10분 미만에 달리는 사람과 20분이라는 시간이 걸려도 다 달리지 못하는 사람이 같이 있다고 말할 수 있기 때문이다.

여기에서 당신은 어떤 길이나 거리를 기준으로 해서 달리기를 시킬 것인가? 어느 선을 기준으로 하든지, 달리기의 힘이 앞서서 매력을 잃는 경우나 너무 힘들어서 달리지 못하는 경우가 있게 된다. 그들마다 제각기 다른 성장배경의 차이, 환경의 차이, 신앙과 불신앙의 배경이 주는 차이를 관찰해야 한다. 그래서 바람직하게 지도하고 이끌 수 있는 최대공약수의 기준을 잡아야 한다.

1) 관찰하기

우리가 분반 사역의 자리에서 아이들을 이해하는 요령에 대하여 쓴 좋은 책이 있다. 일본의 동양관출판사에서 간행된 '훌륭한 교사 시리즈'의 네 번째 책인「아동이해의 훌륭한 교사」가 좋은 기술을 제시해 주고 있다. 이 시리즈는 보이스사에 의해서 우리말로 옮겨져 출판되어 아이들을 상대하는 교사들에게 적절한 지침서가 되어 줄 것이다.

「아동이해의 훌륭한 교사」에서 제시하고 있는 요령을 간략하게 소개해 본다. 여러 가지의 방법이 적혀있는데, 몇 가지만 알아보자.

ㄱ. 질문지를 통한 어린이 이해

어린이의 생각과 행동에 대하여 교사가 알고 싶어하는 질문을 종이에 쓴 것을 어린이에게 주어서 질문에 대한 대답을 쓰도록 하는 것이다. 이 방법은 어린이의 표면에 나타나지 않은 내면을 알게 하는 데 유익하다.

ㄴ. 자서전(성장기록)을 통한 어린이 이해

어린이가 출생해서부터 지금까지 지내온 과정을 쓰도록 함으로써 어린이 이해의 자료로 삼는 것이다. 여기에는 언제, 어디에서 태어났는가를 시작으로, 이름이 지어진 동기, 가장 기뻤던 일, 서운했던 일, 유치원에 다녔을 때의 기억, 부모의 자기에 대한 기대 따위를 쓰도록 한다. 이것은 어린이의 성장과정을 통해서 지도하는 방법을 선택하도록 해 준다.

ㄷ. 관찰 메모를 통한 어린이 이해

교사가 수시로 아이들을 살피면서, 그때그때 느낀 것을 메모하였다가 아이들을 개별적으로 지도하고 상담할 때 자료로 삼는 것이다. 이 관찰 메모는 한 두 번으로 해서는 안 된다. 수 차례 반복되는 관찰을 통해서 어린이(또는 청소년)를 바로 볼 수 있게 되는 것이다.

ㄹ. 대화를 통한 어린이 이해

이것은 '면담' 또는 '면접' interview이라고 불리우는 방법으로 대화 속에서 어린이를 알아내는 것이다. 일반 교육실제에서 이 방법은 매우 유효하게 사용되고 있다. 즉 아이들의 성격, 행동, 학습평가, 가정조사, 환경조사에 폭넓게 쓰이는 적극적인 이해의 방법이다.

2) 오늘의 어린이(또는 청소년)들과의 상담

그들을 상대로 목회하는 자리에서의 상담은 내담자(어린이 또는 청소년)에게 조언하고 권고하는 것을 뜻한다. 일반적으로, 상담의 일차적인 목적은 내담자가 혼자 해결하지 못하는 갈등을 풀어주기 위한 작업이다. 여기에서는 단순히 지식적인 정보를 제공해 주는 것과 내담자의 정신적 또는 육체적 장해를 치료해 주는 것이 있다.

한국어린이보호회의 상담기관인 '신나는 전화'가 가장 최근의 한 해 동안에 접수한 1만 5백 21건의 어린이 상담내용을 분석하였다. 이에 따르면 제일 많은 상담이 인간관계에 대한 것이었다.

 - 특히, 친구관계에 관한 것으로(18.6%)
 - 이성에 관한 문의와 고민으로(17.9%)
 - 학교생활과 학습의 문제로(13.1%)
 - 일상생활에서 나타나는 문제로(극히 미미함)

통계자료에서 보여 주듯이 핵가족 시대에서 대부분의 부모는 직장생활 및 외부 활동으로 가정을 비우는 경우가 많고, 외동 혹은 형제나 자매뿐인 가정에서 아이들이 인간관계에 많은 관심을 쏟고 있으며, 이로 인하여 힘들어하는 모습을 볼 때, 당연히 주일학교 교사의 역할이 바뀌어져야 한다고 생각된다.

 상담이란 인간관계이며 그것은 얼굴과 얼굴을 마주 대하고 이루어지는 상호관계라는 점에 일반적으로 동의하고 있다. 다른 표현으로는 문제를 가진 어린이(또는 청소년)에게 지시나 명령이나 교훈으로 고민을 해결하여 주는 것이 아니고, 문제를 가진 내담자가 스스로 문제를 풀어나가도록 도와주는 과정이다.
 그러나 우리가 상담하려는 이유는 그들의 신앙생활에서 시작된다. 그들에 대한 기독교 양육이라는 차원에서, 온전한 사람으로의 성장을 도와주며 그리스도의 장성한 분량에 이르도록 하려는 것이다. 치료를 위해 교사의 적극적인 상담이 필요한 경우는 다음과 같다.

 ㄱ. 가족관계에서 발생된 갈등
  - 부모와의 문제
  - 형제들간의 문제
  - 경제적인 어려움에서 오는 문제

 ㄴ. 학교생활에서 발생된 갈등
  - 학교에 다니기가 싫은 문제

- 공부하기 싫은 문제
- 성적이 오르지 않아 고민하는 문제
- 급우들과의 대인관계에서 오는 문제

ㄷ. 교회생활에서 부적응을 보이는 갈등
- 성경, 찬송가 등을 챙기지 못하는 문제
- 예배를 바르게 드리지 못하는 문제
- 기도를 하지 않는 문제
- 설교시간에 떠드는 문제
- 헌금을 유용하는 문제

ㄹ. 개인적인 일탈행동을 보이는 갈등
- 거짓말을 자주 하는 문제
- 아이들 앞에서 나서며 설쳐대는 문제
- 자신의 실제보다 과장된 행동을 보이는 문제
- 습관적인 도벽의 문제
- 지도자의 훈계에 반항하는 문제

지혜로운 분반 사역자라면, 그는 반목회의 모든 시간을 상담으로 활용할 것이다. 그는 내담자인 어린이(또는 청소년)들을 신뢰하고, 그들이 보인 문제를 통해서 그들 자신을 이해하려 한다. 그러므로 상담의 문제는 그들이 치료의 대상이지 평가의 대상으로 보지 말아야 한다는 사실이다.

2. 반목회를 위한 상담

1) 상담의 원리

우리는 마태복음 5:7의 "긍휼히 여기는 자는 복이 있나니 저희가 긍휼히 여김을 받을 것임이요"라는 말씀을 "공감하는 자는 복이 있나니…"로 옮길 수도 있다. 다시 말하면, 내가 타인의 마음속에 들어가서 그의 입장에서 그의 눈으로 사물을 보고 그의 마음으로 생각하며, 그의 느낌으로 느끼도록 만드는 능력이다. 내담자가 현재 알고 있는 이상의 것까지 이해하며 내담자의 심층 깊이에 있는 느낌도 알아 반응하는 것이다.

교사의 눈으로 볼 때, 어떤 어린이(또는 청소년)가 문제상황을 보였다고 해서 곧바로 상담을 시작해서는 안 된다. 상담의 원리를 이해해야 한다.

- 상담의 도구: 성경

주일학교에서의 상담은 사역의 한 방법이다. 그러므로 상담자는 성경을 가지고 내담자를 받아들여야 한다. 그것은 성경이 상담의 교과서가 되기 때문이다. "모든 성경은 하나님의 감동으로 된 것으로 교훈과 책망과 바르게 함과 의로 교육하기에 유익하니"(딤후 3:16).

- 상담의 주체: 성령님

내담자 앞에 앉은 상담자는 성령님의 인도하심을 기대하면서 상담을 시작해야 한다. 주일학교 사역에 있어서 상담의 주체는 성령님이시다. 성령님께서 상담해 주시는 것이다. "보혜사 곧 아버지께서 내 이름으로 보내실 성령님 그가 너희에게 모든 것을 가르치시고 내가 너희에게 말한 모든 것을 생각나게 하시리라"(요 14:26).

- 상담의 조력자: 교사

상담자로서의 교사는 성실하고 신앙적 덕망을 갖추고 가정생활이나 교회생활, 개인생활, 대인관계에 있어서 성실하며 신뢰감이 있어야 한다. 뿐만 아니라 우리는 평소부터 어린이(또는 청소년)들과 더불어 바른 신앙적, 인격적 태도로 관계 형성을 이룸으로써, 어떤 특별한 사건이나 요청이 있기 전에 상담에 대처할 바람직한 인간관계를 유지할 때, 그들이 고민이 생기거나 갈등이 있을 때, 교사에게 상담을 하게 된다.

우리는 신학을 배경으로 삼고 신앙과 은혜를 전경으로 삼아야 한다. 그리고 성령님의 인도하심과 감화, 감동하심을 위해 기도하는 가운데 내담자로 하여금 스스로 하나님의 말씀 앞에 자신을 비추어 자아를 통찰 할 수 있게 하기 위하여 상담자로서의 진실한 태도가 동원되어야 한다.

2) 상담시의 순서

ㄱ. 관심을 기울이기

일단 대화를 시작하면 어린이(또는 청소년)가 자신의 이야기를 할 수 있도록 도와주어야 하는데, 이때 정교한 기술이 필요하다. 적절한 질문과 코멘트는 대화를 점진적으로 진행시키는 촉진제가 되는데, 좀더 구체적으로 살펴보면 일반적인 내용을 구체적으로 좁혀 들어가도록 돕는 것, 상담자의 자신 억제, 초점 있는 경청, 질문 등이 있다.

대화를 하다보면 핵심적인 내용을 이야기하기 전에 주로 주변적인 내용을 먼저 말하기 마련이다. 날씨, 학교, 사회 문제, 패션, 사람들 이야기 등 보편적인 내용으로 말을 시작하는데, 이는 상대방이 하고 싶어 하는 말과 연관된 제3의 화제에서 실마리를 찾아 자신의 생각과 느낌을 표현하도록 돕는 것이다.

내담자가 전달하고자 하는 의사를 정확하게 이해하려고 노력하는 자세가 매우 중요하다. 관심을 기울인다는 것은 상대방에 대해 존엄성을 가진 인격체로서 존경하며, 그가 말하고 있는 것에 깊은 관심을 가지고 있다는 사실을 나타내 준다.

관심을 기울이기의 기본적인 행동은 다음과 같다.

- 좋은 자세를 취함

몸의 위치는 상대방과 정면보다 약 45도 정도로 앉아서 편안한 자세를 취하는 것이 중요하다.

- 부드러운 시선의 접촉을 가짐

지나치게 뚫어지게 보거나 아니면 다른 곳에 시선을 두고 있거나 사방을 두루 살피거나 신문 같은 것을 본다면, 내담자에게 불안감을 안겨 주거나 무시하는 태도로 비추어져 상담이 중단될 경우가 많다.

- 경청하려 함

상담에서 내담자의 말에 경청하는 것은 중요하다. 경청은 내담자의 말의 내용을 파악은 물론, 상대방의 몸짓, 표정, 그리고 음성에 이르기까지 섬세한 변화를 알아차리고 저변에 깔려 있는 메시지를 감지하고, 나아가서 그 사람이 말하지 못한 내용까지도 육감적으로 직감하는 태도다.

2) 질문을 던지기

어린이(또는 청소년)들은 고민을 털어 놓지 못하는 경우가 많다. "…한 친구가 있는데요. 그 애가…" 라고 자기의 고민을 친구의 고민으로 반사하여 표현하는 경우가 허다하다. 욥기 3:12에 "자세히 들은즉" 이란 말이 나온다. 공동번역에는 "귀담아 들었다"고 했다. 교사는 질문을 통하여 내담자의 말을 꺼내야 한다. 경청이란 적극적으로 마음을 기울여서 듣는

다는 뜻이다. 칼 로저스 Carl R. Rogers 는 상담의 과정에서 가장 중요하게 생각하는 것은 '바로 들음'이라고 하였다. 내담자가 얼마나 잘 말하는가에 따라서 그를 도울 수 있는 도움이 결정되는 것이다. 잘 들음이 곧 도움이다.

3) 언동에 대한 반응

상담자로서의 교사는 어린이(또는 청소년)가 말할 때, 물끄러미 바라보고 가만히 앉아만 있지 말아야 한다. 그의 말이 끝날 때나 혹은 중간이라도 교사의 언동 반응이 있을 때, 더욱더 자기 마음을 털어놓게 된다.

- "아! 그랬군요."
- "예, 그럴 수도 있지요."
- "그런 일이 있었군요?"
- "저런 일이 있나?"

그의 말에 반응하여 고개를 끄덕이든지, 또한 내용에 따라 표정으로도 반응을 나타내야 한다. 여기에서 내담자는 자기가 전달하고자 하는 말을 이해하려고 애쓰는 상담자와의 마음의 교통이 이루어지게 된다. 이것이 곧 성공적인 상담의 과정이다.

4) 충고하기

사람들이란 충고를 받아들일 적에 먼저 상대방에 대하여 호감을 가진 상태에서 좋은 결과를 얻어낼 수 있다. '진정 이 사람은 내게 관심을 가지고 사랑하고 있구나' 하는 마음을 불러일으킬 수 있는 관계가 되어 있어야 한다. 좋은 인간관계에서 충고가 받아질 수 있다. 다시 말해서, 상대방이 충고를 받을 태세가 갖추어졌을 때, 충고를 해야 한다.

ㄱ. 교사의 미소

얼굴에 웃음을 띠고 충고하는 태도가 중요하다. 미소는 인간관계를 잘 맺어주는 끈이다. 미소가 없는 충고는 오해를 가져오기 쉽다. 어떤 사람은 충고를 받은 뒤에 일생 원수로 남기도 한다. 두고두고 물고 늘어지고, 등 뒤에서 비난하고, 목을 조여 오는 것이 충고의 무서운 면이다.

- 잘 경청해 주고, 충고를 받은 사람의 마음 아픔을 헤아려 준다.
- 언성을 높이지 않는다.
- 조용하고 감미로운 음성, 차분한 음성으로 말한다.

ㄴ. 어린이(또는 청소년)의 인격존중

충고를 받는 사람이 상당히 중요한 인물임을 일깨워 주고, 자존심을 건드리지 않도록 해야 한다. 충고란 이성적으로 받아들이고 감정적으로 반발하는 것이 특징이다. 충고자가 스스로 우쭐해서 하는 충고는 자기 과시로 끝이 나고 상대방은 나쁜 감정을 가지게 되어서 오히려 인간관계를 해칠 수 있다. 그렇지만 잘못 충고하면 사람을 잃을 수 있고, 미움을 살 수도 있다. 자존심을 건드리지 않고 충고하는 법에는 나 자신을 끼워 넣는 것이 좋다.

ㄷ. 일대일의 유지

상담에서는 일대일의 원리를 지켜야 한다. 이것은 충고의 기술에서 아주 중요한 법칙이 될 수가 있다. 충고할 때는 반드시 직접 단 둘이 마주 보고 해야 효과가 있다. 예를 들면, 부모가 큰 아들을 충고할 때, 작은 아들이 있는 자리에서 하면 자존심이 상한 큰 아들은 반발을 해서 문제가 더 커질 수가 있다.

ㄹ. 장소와 시간의 선정

장소와 시간을 고려해야 한다. 충고할 때는 조용한 장소가 좋다. 상대방이 지쳐있거나 기분이 좋지 않을 적에 충고하면 오히려 역효과를 보게 된다. 사람이 많이 모인 곳이나 시끄러운 곳에서 충고를 하면 진지하게 받아들이기보다 산만한 환경으로 인해 가볍게 응할 수가 있다. 그러니 충고를 받아들일 환경을 준비하는 것이 중요하다. 어린이(또는 청소년)를 골방으로 불러 조용히 둘이 앉아 충고를 하면 훨씬 효과적이다.

ㅁ. 충고의 범위를 구분지음

 기준을 정확히 정하고 충고를 해야 한다. 해당되는 그 부분만 충고하는 것이 아니고 시시콜콜 옛날 것까지 몽땅 꺼내놓고 함께 늘어놓으면 상대방의 감정만 건드릴 뿐이다. 어떤 아버지는 자식을 꾸중할 적에 그날 저지른 것만 야단치는 것이 아니고, 두고두고 과거의 일을 몽땅 꺼내놓고 야단치는 경우가 있다. 이것은 아주 미련한 충고이고 효과 없는 일이다.

가정을
방문하라

가정과 교회는 자라나는 아이들에게 있어서 신앙적인 양육을 위한 요람이다. 하나님께서는 가정을 세우시고 사람이 살아가게 하셨으며, 교회를 통하여 하나님의 사람으로 살아가게 하셨다. 그러므로 분반의 교사는 자신의 반목회 사역에 가정에서의 신앙생활을 포함시켜야 한다. 가정의 부모와 교회의 교사는 끊임없이 협력을 시도해야 하는 동반자이다.

　이제, 주일학교에서의 교사는 아이들 개개인의 부모와의 관계를 밀접해야 하고 상호 연결될 수 있는 통로를 가지고 있어야 한다. 오늘날 개교회마다 교육 전문가들이 초빙되고 전문성을 토대로 가정을 위한 프로그램이 개발되는 것은 다행스러운 일인지 모른다. 전문가들은 고민을 한다. 어떻게 부모를 교회교육의 현장으로 초대할 것인가?

　우리는 부모를 주일학교에 초대하는 행사만으로 교회와 가정의 대화가 충분하다고 볼 수 없다는 사실에 동의한다. 우리가 아는 대로 '일일교사의 날', '학부형 초대의 날' 등은 어린이의 신앙교육을 가정에로까지 연결시키는 데 큰 효과를 거두지 못함을 알고 있다. 분반의 교사는 적극적으로 아이들의 가정을 찾아야 한다. 그것만이 교회와 가정을 이어주는 효과적인 통로임을 인식해야 한다.

1. 교사를 가정으로 보내시는 하나님

하나님은 자기 백성을 찾아오셨다. 죄인이 된 인간, 불행해진 인간을 회복하셔서 행복하게 하시려고 사람의 몸을 입고 오신 것이다. 바울은 그의 서신에서(빌 2:6-8), 우리 주님께서는 멸망을 받을 인간을 건지시려고 오셨다고 하셨다.

성육하신 예수님은 하나님이 인간을 찾아오신 사랑의 증거다. 하나님께서는 죄인을 구원하러 세상에 오셨던 것처럼, 교사를 가정으로 보내시려 하신다. 하나님께서는 심방을 위해 찾아가는 교사에게 다음과 같은 특권을 주신다.

- 가정방문은 교사에게 열려있는 문이다.

사실상, 심방에 대한 허락이 요구되는 것이 아니기에 원하기만 하면 가능하다.

- 가정방문은 교사에게 부여된 고유한 직무이행이다.

가르치는 일은 분반에서만 일어나는 것이 아니기에, 교회 밖에서 가르치는 방법이다.

- 가정방문은 교사를 훌륭하게 만드는 수단이 된다.

교사의 제반 능력이 여러 면에서 뛰어나 있다 할지라도 심방에서 오는 반목회의 수단을 뛰어 넘을 수는 없다. 성경의 내용은 하나님이 인간을 찾아오신 사건의 기록이다.

우리가 성경에서 찾는 가정방문의 의미는 인간을 찾아오셔서 버린바 된 자를 찾으시고, 죄를 용서하시고, 상처를 싸매 주신 하나님의 돌봄을 재현하는 방법이다. 예수님의 지상에서의 사역은 우리에게 가정방문의 교과서를 제공해 준다.

- 사람들을 만나신 예수님

요한복음을 보면 예수님께서는 개인을 찾으셨고 인격대 인격의 만남을 가지셨다. 특히, 니고데모, 사마리아 여인 왕의 신하, 간음한 여인 등 예수님은 일대일의 대화 속에서 개인의 문제를 다루시고 해결하셨다. 가정방문이란 인격의 만남이라는 것을 정의하게 한다.

- 사람들을 찾아다니신 예수님

만나기를 원하시는 예수님은 한 곳에 머무르지 않으셨다. 주님께서는 신분을 구분하여 찾아가지도 않으셨다. 끊임없이 상처받은 사람을 향하신 주님이시다. 교사의 가정방문이란 그에게 가까운 어린이만이 아니라 모든 유형의 아이들을 찾아가는 찾음이라는 것을 정의하게 한다.

- 사람들이 있는 집을 중요하게 여기신 예수님

예수님께서 사람을 만나기 위해 찾아가신 장소는 바닷가, 길가, 성전 등 여러 곳이다. 이런 가운데 특별히 집이라는 장소가 부각되고 있다. 세리의 집, 가나 혼인잔치의 집, 바리새인의 집, 베다니 집, 시몬의 집 등이다.

이는 예수님께서 생활의 밑바닥 적나라한 곳으로 찾아가서, 그들의 이야기를 듣고 삶을 나누셨다는 것을 말한다. 주님께서는 유대의 종교 지도자들과 달리 사람들에게로 가시기 위하여 오신 것이다. 가정방문이란 깊은 곳을 통찰하기 위한 수단임을 정의하게 한다.

우리는 누구나 심방에 큰 부담을 갖고 있다. 교사라는 직책이 참으로 많은 일들을 요구하고 있으나, 공과준비만으로도 많은 시간을 빼앗기고 있는 것이 오늘의 현실이다. 그럼에도 우리는 아이들의 가정을 방문해서 어린이(또는 청소년)의 형편을 살피는 것이 반목회 사역에 대한 최상의 방법이라는 것을 알고 있다.

그러므로 우리는 자신이 아무리 분주하다 할지라도 가정방문의 목적과 효과를 최대로 거둘 수 있는 방법을 개발해야 한다. 시간 및 공간의 제

약을 받지 않고 언제, 어디에 있더라도 그들의 사정을 알아보고 격려해 줄 수 있는 프로그램이 수립되어야 하지 않을까?

1) 반목회에 요구되는 정보를 얻음

우리는 심방을 통해서 어린이(또는 청소년)들을 개인적으로 섬기는 기회를 갖게 된다. 심방은 우리에게 그들을 섬기는 데 필요한 각종의 개인적인 정보를 선물해 준다. 교사의 반목회에 대한 준비의 시작은 아이들에게서 말미암는다. 교사의 반목회 내용은 언제나 그들을 위한 것이어야 한다.

우리가 양무리를 모를 때, 사역의 방향이 자주 바뀌게 된다. 교사가 어린이(또는 청소년)를 사랑하고 있다는 것은 여러 가지로 중요하다. 교사의 사랑어린 심방으로 말미암아 그들은 사랑을 확인한다. 교사가 무언으로 자기의 사랑을 보여주는 기회다.

심방에서 우리는 가정으로부터 협조를 얻어낼 수 있다. 교회와 가정의 협조가 잘 이루어지면 작은 수고로 큰 효과를 낸다. 우리의 사역에 대한 도구는 사실상, 그들을 개인적으로 이해하는 것에 기초한다. 어린이(또는 청소년)를 이해하는 사역자는 좋은 교사가 된다.

결국, 심방은 그들과 교사 자신을 위한 반목회의 현장이라 말할 수 있다. 일반적으로, 심방을 통해서 얻게 되는 유익에는 다음과 같은 것들이 있다.

- 어린이(또는 청소년)들을 개인적으로 만나고, 그에 대한 자세한 정보를 얻는다.
- 그들의 영적인 성장과 요구를 측정할 수 있다.
- 분반을 운영하는 일과 공과학습을 준비하는 것을 결정하게 한다.
- 그들을 위하여 구체적으로 기도할 수 있다.
- 그들에 대한 교사의 개인적인 관심이 자연스럽게 전달된다.
- 그들의 기독교 양육을 위해서 부모와 협력할 일을 분담하게 된다.
- 그들 개개인에게 자신감을 준다.
- 교회의 수업을 생활에서 보강하게 된다.

2) 프락시스를 나누는 체험의 기회

프락시스 praxis란 한 사람의 사고와 행동의 연결이며 반복을 가리킨다. 어떤 사람이 자신이 처한 상황에 대해 철저히 분석하고 사고한 뒤 그대로 살아보고 그 후에 다시 행동하는 동안에 그들의 의식은 심화되고 변화된다. 그리하여 본래적 인간이 되려는 행동을 저해하는 세계를 변혁하는 역사의 주체가 된다. 이 모든 과정을 가리켜 프락시스라 한다.

그렇기 때문에 프락시스가 없으면 인간은 모든 참된 역사의 주체가 될 수 없다. 사람은 자기 자신을 객관화 할 수 있기 때문에 자신의 행동을 사고할 수 있으며, 그들이 스스로 실존에 대해 비판적으로 반사하며 행동할수록 더욱더 창조적 주체자가 된다.

프락시스의 중요한 점은 사고나 행동이 동시적인 것이기 때문이다. 프락시스는 의식화 과정에서 상호작용을 한다. 의식화는 행동 - 사고 - 행동, 편찬 - 해석 - 편찬 그리고 대화 및 문제제기식 교육방법을 통하여 이루어진다고 보는 것이다. 따라서 교사가 어린이(또는 청소년)들의 집을 방문한 자리에서는 당연히 프락시스의 나눔이 있어야 한다. 이를 통하여 어린이의 기독교적인 삶이 만들어지기 때문이다.

활력 있는 기독교적 신앙의 목적을 향하여 현재의 행동에 대한 자신들의 비평적 성찰을 대화를 통해서 하나님의 말씀에 참여하게 된다.

토머스 그룸Tomas H. Groome에 따르면, 여기에는 다섯 가지의 주된 요소가 있는데 현재 행위, 비평적 성찰, 대화, 기독교의 이야기, 비전이 그것이다.

ㄱ. 현재의 행동

세상에 대한 전 인간의 참여로서 우리가 개인적으로, 상호 인격적으로, 지적으로, 영적으로 하고 있는 모든 것을 포함한다.

ㄴ. 비평적 성찰

비평적 성찰은 현재에 관하여 명백한 것을 인식하고자 시도한다. 여기에는 현재 안에 있는 과거를 드러내기 위한 비평적인 기억에 대한 것과 현재 안에 있는 미래를 그려보기 위한 창조적 상상으로서 전자는 기억활

동과 더불어 비평적 성찰도 자신의 성찰에 대한 성찰, 곧 자신의 사고의 원천을 상기하는 과정에 이르게 되는 것이다.

우리의 현재의 행동의 개인적, 사회적 기원을 발견하는 것이다. 후자는 비평적 성찰 없이는 불완전한 것으로 상상은 우리가 현재와 과거 양자를 검토할 때 요구되는 것으로 상상의 주된 초점은 미래이다. 이렇게 비평적 성찰은 과거와 현재와 미래가 연결된 현재를 성찰하는 것을 말한다.

ㄷ. 대화

대화는 그룹 안에서 기독교적인 공동체를 구성하는데 필수적이다. 어린이(또는 청소년)의 기독교 양육에서 프락시스를 나누는 방법의 전 내용과 과정은 대화적이 된다. 대화적이 된다는 것은 참여자들이 서로 간에 대해서 계속적으로 주고받는 것이 아니라 우리 자신에서부터 시작하는 이야기와 비전과의 대화로서 이 자아 - 대화는 다른 이들에 의해 나누어지고 돌려져야만 한다. 그리고 이 대화는 말하기와 듣기를 동시에 포함하는 것으로서 토론과는 다르다.

ㄹ. 기독교의 이야기

기독교의 이야기는 성서와 전통을 의미하는 낱말로서 단순한 이야기 그 이상의 표현되거나 구체화된 우리 기독교인의 전체의 신앙의 전승을 의미한다. 기독교의 이야기라는 용어는 우리의 신앙전승이 지니는 이러한 모든 표현들을 위한 은유로 의도된 것이다. 왜냐하면 이것들 모두가 우리 기독교의 이야기의 일부이기 때문이다.

이 기독교의 이야기로부터 하나님의 은총에 의하여 기독교 신앙의 삶을 이끌어 낸다. 그리고 그것을 다시 접근하기 쉬운 것으로 만듦으로서 학습자 자신을 위한 하나님의 구원 행위를 경험하게 된다.

ㅁ. 비전

기독교의 이야기와 비전은 서로 분리된 실재들이 아니라 동일한 실재의 두 측면임을 토마스 그룸이 강조한다. 기독교의 이야기와 비전은 비록 완전하지는 않지만 기독교 신앙 공동체 속에서 표현되는 것이다.

기독교의 이야기와 우리 자신의 비전들과 기독교의 비전들 사이의 공동체적 만남 속에서 우리는 경험적, 성찰적 방법을 통하여 하나님을 알게 되는 것이다. 그러므로 신앙 공동체의 이야기는 완성된 것이 아닌 현재에서 수동적으로 받아드리기보다 비판적으로 반성되어야 한다.

2. 긍정적으로 자라나도록 도움

어린이(또는 청소년)들을 향해 개인적으로 긍정적인 마음을 심어 주는 사역이 가능해진다. 대부분 사춘기의 초기에는 자신감을 잃는다. 교사는 그들에게 자신감을 불어 넣어줄 수도 있고 깎아내릴 수도 있다. 그들에게 성경 진리를 깊이 심어 주는 일 말고도 그들의 자아상을 세워 줌으로 그들에게 향한 하나님의 사랑과 관심을 나타내 보여야 한다.

우리는 다음과 같은 방법으로 어린이(또는 청소년)를 세워 주어야 한다. 그들의 신앙성장은 한 명의 지체가 교사의 섬김을 통해서 이루어지게 된다.

ㄱ. 그들을 인격을 가진 한 사람으로 대하라.

그들의 말을 주의해서 들으라. 어린 아이들에게 하듯이 그들에게 말하지 말라. 빈정거리는 투로 말하지 말라. 특히, 외모에 관한 농담을 삼가라. 그들이 빈정거린다고 당신도 그에 맞서면 절대로 안 된다.

ㄴ. 반에서 지켜야 할 행동 원칙을 세우라.

당신 혼자 세우는 것보다 당신의 반 지체들과 의논해서 세운다면 그들은 그 규칙을 더 잘 지키려고 힘쓸 것이다. 가령 다음과 같은 규칙을 정하라.
- 다른 사람이 말할 때는 잘 들을 것
- 누구의 말에도 빈정거리지 말 것
- 누구나 참여할 수 있도록 서로서로 권할 것
- 반의 친구들에게서 비난이나 조롱이 아닌 개인적인 질문을 받으면 거기에 답해줄 것

이런 규칙을 정했으면 그 규칙을 지킬 방법도 함께 의논하라.

ㄷ. 각자에게 있는 칭찬할 만한 점을 찾아내게 하라.
대부분의 경우에, 잘 생긴 얼굴이나 멋진 체격을 가진 어린이에게 관심을 쏟는다. 그러나 모두가 격려와 칭찬을 받을 만한 특징과 재능을 지니고 있다.
 - 학과시간이나 토의시간에 열심인 그들에게 고마움을 표현할 수 있다.
 - 반주하는 친구에게 당신의 격려를 보낼 수 있다.
 - 그들의 재능을 찾아 그 점을 인정해 주도록 애쓰라.

ㄹ. 수업 시간에 협동하여 완성할 수 있는 활동 기회를 주라.
이런 시간을 통해 사회성을 발달시킬 수 있다. 그러나 여학생 넷에 남학생이 하나라면 좋지 않다. 물론, 그 반대도 마찬가지다. 각 조에 다른 일을 주어 완성하도록 하는 것도 좋을 것이다. 이것은 서로에게보다 일에 더욱 집중하여 부담 없이 협동하는 분위기로 이끌 수 있다.

ㅁ. 당신의 약함도 드러내라.
적당한 때에 당신이 어린 시절에 겪은, 아니면 지금 겪고 있는 방황을 들려주라. 이야기를 들려줌으로써 당신에 대한 학생들의 존경심이 사라지지 않을까 염려하지 말라. 그들은 '위대한 성자'가 아니라 그들을 이해해 주고, 받아 주는 평범한 어른에게 지도를 받고 싶어 한다.

ㅂ. 성경의 인물들도 어려움에 부딪쳤음을 알게 하라.

그들이 겪은 것과 같은 문제들에 부닥쳤음을 이야기해 준다. 성경에는 사춘기에 관한 직접적인 언급은 없지만 사춘기 아이들이 겪는 문제에 관한 해결책을 줄 수 있다.

- 두려움에 휩싸인 엘리야(왕상 19장)
- 믿음 때문에 백성들에게서 따돌림당한 예레미야(렘 20장)
- 가장 친한 친구를 배신한 베드로(마 26장)

그러나 무엇보다도 그들이 깊이 새겨야 할 지극히 중요한 사실은 하나님께서는 그들이 부닥친 문제들을 참으로 이해하시며, 그들이 어떤 상황에 있더라도 도와주신다는 사실이다.

ㅅ. 그들이 겪는 문제에 대해 기도해야 함을 가르치라.

올바른 자아상은 그들의 창조주와 구속자가 되시는 분과의 교제에서 세워간다. 그들이 자신의 기도를 하나님께서 빠짐없이 들으신다는 사실을 깨닫는다면 하나님의 사랑을 굳게 믿으며, 그 속에서 올바른 자신감을 얻게 될 것이다. 교사들이 가정을 방문하는 사역은 쉽지 않다. 우리는 가정방문을 어렵게 하는 문제를 제거해야 한다.

- 시간의 문제

교사들이 대부분 청년층으로 이루어진 경우가 많으므로 주말이 아니면 시간을 내기가 어렵다.

- 불신자 가정의 경우

자녀만 교회에 나오고 부모들이 불신자일 때, 의사소통의 어려움이 있다.

- 거리의 문제

어린이(또는 청소년)들 가정의 분포도가 일정하지 않아서 골고루 찾아보기가 어렵다. 교통수단을 의지해야 하므로 계획성이 요구된다.

- 두려움과 게으름

교사의 권위를 세우지 못한 주일학교는 두려움과 게으름이 무서운 적이다. 사명의식의 고취와 함께 교사의 권위를 세우도록 분위기를 만들라.

가정방문은 기도하면서 계획을 세운다. 주일학교의 전체적인 관심이 모아지도록 한다. 홍보를 해야 한다. 교사의 심방이 분반의 반목회사역에 있어서 중요한 일이라는 사실을 주지시킨다. 간략한 가정방문의 안내문을 어린이(또는 청소년) 개개인 가정에 전달한다.

안 내 문

어머니 아버지, 안녕하십니까?

귀여운 자녀를 주일학교에 보내주셔서 감사를 드립니다.

저는 ○○를 담임하고 있는 ○○○선생입니다. 금번 저희 교회 주일학교에서는 학부모님과의 만남을 시도하기 위해 아래와 같은 날짜에 가정 방문 행사를 갖도록 하였습니다.

201○년 ○○월 ○○일 ○시경

  부모님께서 원하시는 교회를 향한 바램을 들으며 자녀 ○○을 위한 좋은 대화의 시간을 나누기를 고대하면서 댁내의 만복을 빕니다.

감사합니다.

○○주일학교 교장 ○○○ 목사
4학년 1반 교사 ○○○ 드림

3. 가정방문이 필요한 이유

에스겔 34장은 목자가 양떼를 돌보는 것에 대한 기록이다. 이것은 목자 된 교사들에게 돌봄의 의미를 가르쳐 주고 있다. 성경이 보여주고 있는 가정방문 - 심방의 목적을 여기에서 찾아볼 수 있다

1) 그것들을 누워있게 할지라

목자의 심방은 양떼의 안전을 위하여 지키며, 보호하는 것이어야 한다. 하나님께서는 친히 "내 양의 목자가 되어 그것들로 누워있게 할지라"(15절 하반절)고 말씀하셨다. 양들은 언제나 이리의 위협을 받고 있다. 양들에게는 편히 쉴 수 있는 자리가 제공되어야 한다. 따라서 목자 된 교사는 하나님께서 맡겨 주신 양무리를 찾아보아, 그들이 평안하도록 해 주어야 한다. 특히, 노략질하는 이리의 공격으로부터 보호해야 한다.

만일, 주일학교의 사역자가 선한 목자가 되지 못하여 심방하지 않으면 어떻게 되겠는가? 양이란 본래 연약하기 때문에 돌보지 않으면 악한 자들에게 쫓기며 흩어진다. 결국 양떼는 악한 짐승들의 밥이 되고 말뿐이다.

> "목자가 없으므로 그것들이 흩어지며 흩어져서 모든 들짐승의 밥이 되었도다. 내 양의 무리가 모든 산과 높은 멧부리에마다 유리되었고 내 양의 무리가 온 지면에 흩어졌으되 찾고 찾는 자가 없도다"(5~6절).

2) 그 잃어버린 자를 … 찾으며(16절 상반절)

거짓 목자들은 양의 무리가 모든 산과 높은 멧부리에마다 유리되어도 찾지 않는다. 양들은 길을 잃기 쉬운 동물이다. 한 마리의 양이 양떼로부터 500미터 정도만 떨어져 있어도 그 양은 길을 잃는다고 동물학자들이 말하고 있다. 또한 양들은 양떼로부터 쉽사리 따로 떨어져 나간다고 한다.

그러므로 선한 목자는 부지런히 양떼를 살펴야 한다. 만일, 그가 게을러서 양떼를 돌보지 않으면 무리 가운데서 떨어져 나가는 양들이 있게 된다.

우리는 부지런히 양떼를 살펴야 한다. 양들을 지키지 않으면 양무리에서 흩어져 나가는 양들이 있게 되고, 결국에는 유리하여, 방황하게 된다는 사실을 기억해야 한다. 하나님께서는 흩어진 양들을 모아 그들의 땅으로 돌아올 수 있도록 인도하신다. 그러므로 교사는 양이 흩어졌으면 그들을 찾아야 한다. 그리고 푸른 초장과 쉴만한 물가로 인도해야 한다.

사실, 어린이(또는 청소년)들이지만, 심방을 해 보면 그들 나름의 시험과 고난으로 말미암아 유리방황하는 '잃은 양'이 된 경우를 종종 본다. 이러한 처지에 있는 양들을 찾아서 다시 돌아오도록 해야 한다. 잃어버린 자를 찾으라!

3) 쫓긴 자를 … 돌아오게 하며(16절 중반절)

참 목자이신 하나님은 그의 잃어버린 백성들을 돌아오게 하신다.

"내가 그것들을 만민 중에서 끌어내며 열방 중에서 모아 그 본토로 데리고 가서 이스라엘 산 위에와 시냇가에와 그 땅 모든 거주지에서 먹이되"(13절).

양들이 있어야 하는 곳, 잃은 양들이 돌아와야 하는 곳은 어디인가? 바로 우리다. 교사는 '우리'가 곧 교회라는 사실을 인식해야 한다. 그래서 주일학교 공동체에서 떠나 있는 어린이(또는 청소년)들을 데려와야 한다.

우리는 양떼를 하나님의 집으로 데려와야 한다! 그들은 주일을 지키며 하나님의 집을 중심해서 가정 - 학교의 생활을 영위해야 하는 것이다. 교사가 해야 될 가장 우선적인 일은 잃은 양을 '우리'로 데려와서 좋은 꼴, 살진 꼴을 먹도록 해야 하는 일이다. 이 꼴은 어디에서 얻는가? 예수님과 관계를 맺고 있을 때, 주님께서 베풀어주시는 것이다.

"내가 문이니 누구든지 나로 말미암아 들어가면 구원을 얻고 또는 들어가며 나오며 꼴을 얻으리라"(요 10:9).

잃은 양, 쫓겨나간 양을 찾아 하나님의 품으로 데려 와야 한다. 그러면 하나님께서 그들을 먹이신다.

"좋은 꼴로 먹이고 그 우리를 이스라엘 높은 산 위에 두리니 그것들이 거기서 좋은 우리에 누워있으며 이스라엘 산 위에서 살진 꼴을 먹으리라"(14절).

4) 상한 자를 … 싸매어 주며, 병든 자를 … 강하게 하려니와

그들은 상하기도 한다. 또한 그들은 병에 걸리기도 한다. 우리는 양들이 마음이 상하거나, 여러 가지 시험으로 믿음에 병이 들 때 심방해야 한다. 그들 혼자서 슬픈 일이나 근심된 일로 괴로워하지 않도록 해야 한다. 그들을 찾아가서 주님의 사랑으로 위로하고 격려를 아끼지 않으며 '상처를 싸매 주어 치료해 주는' 사역을 담당해야 한다.

만일, 교사가 상한 자를 싸매어 주지 않고, 약한 자를 강하게 붙잡아 주지 않으며, 병든 자를 고쳐 주지 않으면 그 양들은 죽고 만다. 그리고 그 자신은 목자라고 할 수 없다.

목자는 양이 병들었을 때 즉시 치료해 주어야 한다. "마음 상한 자를 고치며." 교사는 연약한 어린이들을 강하게 해 주어야 한다. 사실, 그들은 자라나고, 그것도 튼튼하게 성장해야만 하는 것이다. 그 성장은 예수 그리스도의 장성한 분량이 충만한 데까지 이르러야 하는 것이다. 그렇게 되어야 믿음을 지키며, 하나님의 사람으로 자라날 수 있다.

주일학교의 사역현장에서 가정방문은 교사 자신에게 만족할 만한 유익을 준다. 우리는 심방에 바친 몇 십 분에서 비교할 수 없는 것을 획득하게 된다. 그가 어린이(또는 청소년)들의 가정을 방문하여 그들이 살고 있는 가정을 보는 것으로서도 그들을 지도하는 방법의 열쇠를 제공받게 된

다. 무엇보다도 그것이 그들을 알게 해주는 수단이 되는 까닭에 목회에 유익한 영향을 끼친다.

교사의 심방은 심방현장에서, 아이들과 개인적으로 접촉하고 거기에서 그들의 부족한 부분들을 채워주고 바르게 인도할 수 있게 한다. 특히, 영적으로 병들었던 지체가 심방을 통하여 믿음을 회복하는 것은 우리 자신에게 사명의식을 북돋는 기회가 된다

- 심방으로 얻은 자료에 의하여
- 그들을 온전케 되도록 지도하는 목회를 펼치며
- 그들의 요구를 이해하고 그에 따라서 신앙지도를 한다.

심방은 주일학교의 운영에도 놀라운 영향을 미친다. 믿음이 낙심되었던 어린이(또는 청소년)를 바른 길로 인도해 줌으로써 개인의 신앙부흥이 일어나게 되는데 이것은 곧 주일학교의 신앙부흥과 연결이 되는 것이다. 즉, 주일학교가 부흥하게 되는 동기가 제공된다. 그래서 임은종은 말하기를, "교회의 양적 부흥과 질적 부흥에 기여한다."라고 하였다.

심방의 유익을 고찰할 때, 간과할 수 없는 사항이 있다. 만일, 우리가 그들의 가정을 방문할 때, 혼자서 가지 않고 동료 교사들과 함께 간다면 동행한 '심방대원' 들에게도 보이지 않는 유익함이 있다. 그와 동행했던 교사들도 심방을 받는 어린이와 두터운 친교를 경험하게 된다. 그리고 지

체 branch 로서의 의식이 강화된다.

  우리의 심방은, "그리스도의 한 지체로서 교사와 그들 사이의 교제(심방에 동행했던 이들도 포함)가 이루어지고 서로간에 믿음이 강화되는 유익을 준다." 이로써 주일학교에는 부흥을 가져오는 기초를 다지게 된다. 교사의 심방이 반의 지체들의 믿음을 훈련시키고, 성장시킬 수 있다는 것도 심방만이 주는 유익이다.

부모를
반목회의 사역에
끌어들여라

주일의 사역이 끝나면, ㅇ 교회의 유년부와 초등부 교사들은 아무리 힘들어도 어린이들의 엄마에게 엽서를 써서 보냈다. 그들은 엽서를 쓰는 것을 주일 일과의 마지막으로 삼았다. 그 엽서는 오늘 출석한 어린이들의 부모에게 보내는 것이었다. 그것은 자신의 자녀를 믿고 보내는 것에 대한 응답(회답)이었다. 아주 짧은 글에 지나지 않지만 그것은 그들과 어린이들의 부모를 이어주는 튼튼한 다리가 되어 주었다.

한편, 교사들은 목요일과 금요일에 어린이의 가정으로 전화를 하는 심방을 하였다. 이때, 교사들은 그들의 엄마와 대화를 나누었다. 이렇게 해서 엄마들의 철저한 협력으로 어린이들의 출석을 관리해온 것이다.

1. 부모를 잡아라!

ㅅ 교회의 유치부에서 매주일 거의 100%에 가까운 출석을 유지하는 한 교사는 '억척 아줌마'로 반 어린이들의 엄마와 친구가 되어 있었다. 이렇게 되니, 어린이들의 집에서는 교사를 신뢰하여 그들의 출석에 열성을

보이는 것이었다.

하나님께서는 지상에서 그의 백성들을 기르시기 위하여 부모와 자녀라는 구조를 창조하셨다. 그리고 자녀를 아끼고 사랑하는 부모의 마음을 모든 부모들이 갖도록 하셨다. 부모는 이 마음으로 자녀들을 돌보고 양육한다. 그러나 자녀들을 아끼는 부모의 태도는 사람마다 다르다. 부모들의 삶의 태도는 자녀들에게 역할 모델이 되므로 자녀들을 아끼는 부모의 교육방법도 다르게 나타난다.

부모가 교사의 후원자가 되어준다면, 우리는 주일학교 공동체에 대한 양육을 보다 잘 할 수 있다. 주일의 일과를 마친 다음에 교사가 쓰는 한 장의 엽서는 부모에게 보내는 '자녀를 향한 사랑의 표현'이 된다.

실제로, 자신의 자녀를 주일학교로 보낸 부모는 자녀가 집으로 귀가할 때까지 그에게 관심을 집중한다. 그런 까닭에 교사로부터 전해 받는 자기 자녀에 대한 글은 부모에게 감동을 주기에 충분하다. 교사가 부모를 감동시킬 수만 있다면, 그 어린이의 출석은 100% 확보된 것과 다름없다.

어린이(또는 청소년)의 기독교양육에 있어서는 부모의 태도가 어떠하느냐에 따라 미치는 영향이 매우 크다. 그것은 부모가 자녀들을 양육하는 처음 교사가 되기 때문이다. 이어서, 부모의 생각과 생활 하나 하나가 자녀들에게 살아있는 교재가 된다. 이것을 우리는 사회화라고 부른다. 주일학교 공동체 안에서 신앙적인 삶에 대한 도전을 받았을 때, 그것을 삶에서 자신의 것으로 누리는 것은 가정이라는 사회에서의 생활이다. 그렇기 때문에 우리는 부모의 협조를 구해야 한다.

우리는 교육을 아이들에 대한 기독교양육을 공식과 비공식으로 나누어 생각할 수 있다. 공식이라면 교사와 학습자 사이, 주어진 교과과정, 일정한 장소가 제공되는 가운데 이루어지는 학습의 경험을 말한다. 그러나 사회화는 비공식의 통로로 학습자가 경험되어지는 모든 것과의 만남을 통하여 그곳에 참여함으로 배워지는 과정이다.

모든 어린이(또는 청소년)들은 부모와의 사회화 속에서 자라간다. 부모들의 가정생활, 신앙의 자세, 문제를 해결하는 모습 등을 보면서 스스로 배워지는 생활의 태도다. 따라서 우리가 부모에게 영향을 끼칠 수 있거나 주일학교 사역의 후원자로서 부모의 협력을 얻을 수만 있다면 보다 바람직하게 신앙교육을 실시할 수 있다. 그것은 단순히 그들의 출석관리를 뛰어넘어 가정을 양육의 자리로 만들 수 있다는 것이다.

1) 자녀에게 영향을 미치는 부모

기독교 가정에서 자녀교육에 대한 부모들의 태도는 어떠해야 하는가를 생각해 보자. 먼저 생각할 것은 자녀를 하나님이 나에게 맡겨준 자녀라는 위임의 빛 아래서 양육하는 부모의 태도다. 이를 이해하기 위하여 구약 사무엘에 나오는 한나를 생각하여 보자(삼상 1:9 - 28).

- 하나님께 기도하여 사무엘이라는 사내 아이를 얻은 한나

- 아들을 낳기만 하면 하나님께 바치겠다고 서원하였음
- 아기를 낳자, 그녀는 젖을 뗄 때까지 집에서 키움
- 젖을 떼자, 하나님의 성전으로 데려가 하나님께 사무엘의 한평생을 맡김

이 이야기를 음미해보면, 한나가 하나님으로부터 아기를 받은 것과 우리의 가정에서 자녀들이 태어나는 것 모두 하나님께로부터 온 상급이라는 것을 확인하게 된다(시 127:3). 자녀는 부모에게 주시는 하나님의 선물이다.

기도의 응답으로 아기를 낳은 한나는 사무엘이 젖을 뗄 때까지 집에서 양육하였다. 사무엘에게 있어서 수유기간은 곧 부모의 가정교육의 기간이라고 볼 수 있다. 이어서 마침내 사무엘을 하나님의 아이로 바치는 것은 우리의 자녀들을 하나님의 선교를 위해 파송하는 의미를 지닌다.

여기에서 우리는 교사가 주일학교 사역의 한 방편으로 부모를 교육해야 한다는 것을 생각하게 된다. 부모가 가정에서 자녀들을 향하여 신앙교육을 시키고, 적극적으로 그들의 신앙생활에 관심을 기울일 수 있도록 도와야 한다. 교육에 관계되는 가정에서의 교육은 여러 문헌을 살펴보면 부모교육 - 부모, 특히 어머니가 중심이 되는 환경 - 과 교육기관 환경간의 상호작용 및 연결을 의미하는 것으로서, 부모교육, 부모훈련, 부모참여, 부모개입이라는 용어가 구별 없이 혼합되어 사용된다.

자녀의 교육에 부모가 주체가 되는 것을 논하는 글에서 스티븐즈 Stevens 는 부모참여라는 말을 하였다. 그는 다음 세대의 양육 프로그램의 계획과 실천, 평가, 수정 등 모든 주요 단계에 부모가 참여하는 것이라고 설명한다. 실제로 그들이 한 사람의 성인으로 자라는 과정에는 부모참여가 중심 자리에 있게 된다. 그렇다면, 주일학교에서도 어린이(또는 청소년)들의 양육과정에 부모를 교사로 참여시켜야 한다.

리퍼 Leeper, 스키퍼 Skipper, 휘더스푼 Witherspoon은 부모교육과 부모참여를 구분해서 부모교육은 부모가 '배우는 학습자'라는 것을 의미하고, 부모참여는 자기 자녀의 교사로서의 역할, 또는 무엇을 누구에게 배울 것인가를 결정하는 역할도 의미하는 것이라고 하였다.

맥코비 Maccoby 와 젤너 Zellner 는 부모참여를 다음과 같이 말하였다.

- 부모의 수업참관인데, 어린이들을 더 교육시킬 수 있도록 부모를 훈련시키는 것을 의미한다.
- 어린이들의 신앙양육 프로그램에 부모가 참여하는 것을 의미한다.

2) 부모교육이 필요하다!

주일학교 공동체에서의 부모교육은 자라나는 세대의 신앙양육과 주일학교 사역의 성공여부에 큰 영향을 미친다. 따라서 근래에 와서는 기독교 교육학자들 사이에 부모교육 전략을 강화하고 있다.

랜지 Range, 레이튼 Layton, 러우-비넥 Roubinek 등은 말하기를, 주일학교에서 어린이들의 신앙훈련 성공여부는 교사나 주일학교에 관련된 이들보다 가정과 밀접한 관계를 가지고 있다. 그러므로 우리는 부모를 교육시켜서, 그들이 자녀교육의 책임을 수행하는 데 필요한 지식과 기능을 습득하여 부모에게 요구되는 기본적인 태도를 지니게 해야 한다.

우리는 부모를 주일학교 사역의 파트너로 받아들여야 한다. 교사는 부모가 가정에서 자녀에 대한 신앙양육에 우선적인 권리를 갖고 있다는 것을 확인시켜 주어야 한다. 자녀가 하나님으로부터 나에게 맡겨졌다는 위임의 의식을 지니도록 해야 하는 것이다.

나아가 그들이 자녀들을 양육하는 데 있어서 최대의 후원자가 되겠다는 열정을 갖도록 해야 한다. 그렇게 되면, 부모는 어린이(또는 청소년)의 교육에 대한 분명한 태도를 갖게 된다. 왜냐하면, 기독교 교육의 목적은 '기독교적 삶의 스타일 형성'이기 때문이다.

부모는 자녀를 신앙적으로 양육하는 과정에서 부모로서의 자신을 만들어 가는 부모화 parenting를 경험을 하게 된다. 사실, 모든 부모에게는 '나는 부모다'가 아니라 '나는 부모로 되어져 간다'라는 부모의 부모화의 내면적인 자세가 요청된다.

부모의 부모화라는 말은 자녀에게 참다운 부모의 모습을 보여주는 태도를 말한다. 부모화는 가득 찬 애정과 돌봄을 넘어서 자녀들에게 진지한 그의 삶 즉 세상에서 부딪치며 어떻게 사는 것이 기독교적 삶인가를 보여주는 것이다.

- 삶의 한 주제를 더불어 생각함
- 웃고, 또는 울기도 하는 삶을 나눔
- 부모는 부모대로, 자녀는 자녀대로 사는 역할을 함께 나눔

이 과정에서 자녀들은 세상의 삶에서 문제에 부딪칠 때 도피할 것인지 도전할 것인지를, 그리고 태만할 것인지 열심을 낼 것인지를 배우며 그렇게 살아가려고 애쓰게 된다. 실제로, 부모가 된다는 것은 쉬운 일이 아니다. 그렇다고 어려워 좌절할 일도 아니다. 남들이 생각하는대로 그렇게, 그렇게 살아가면 될지도 모른다.

그러나 분명한 사실은 부모들의 삶의 태도가 자녀교육의 태도이고, 부모들이 어떠한 생각을 하고 어떠한 모델로 자녀에게 만남과 경험을 주었느냐에 따라서 다르게 성장한다. 그러므로 기독교 가정에서는 하나님의 위임의 빛 아래서 자녀들을 양육하는 일에 보다 힘을 기울이는 부모가 되어야 한다.

부모는 하나님께 위임받은 자녀에의 양육의무를 수행하는 자세로 자녀를 돌보아야 한다. 내일의 세대가 새롭게 개혁되고, 밝은 날로 이끄는 것은 자녀에게 어떠한 교육적 경험이 주어지느냐에 달려있다고 본다. 그러기에 오늘 가정에서 자녀교육을 행하는 부모의 태도가 새롭게 변화되어야 한다.

2. 부모의 자녀 양육을 돕는 교사

어느 가정에서든지 부모는 자녀의 제일 가까운 후원자가 되어야 한다. 그러나 참 부모는 여기에 머물러서는 안 된다. 그들은 언제나 하나님 앞에서 자녀의 양육에 대한 거룩한 의무를 다하여야 한다. 이를 위하여 자녀와의 대화를 모색하고 부모와 자녀의 관계를 넓히도록 힘써야 한다. 교사는 주일학교 사역을 통하여 부모가 자녀들을 신앙적으로 키우는데 있어서 후원자로서의 돕는 방법을 모색해야 한다.

1) 예수님이 머무르셔야 하는 가정

지난날에 비하여, 오늘날 그리스도인의 가정이 많아졌다. 그런데 그리스도께서 머무르시는 가정은 찾아보기 힘들다. 단지 집안에 성경과 찬송가가 비치되어 있고, 카세트 테이프 레코더에서는 복음 노래가 은혜스럽게 흘러나오지만 그리스도의 다스리심이 없는 가정들이 대부분이다. 자녀들에 대한 부모의 말씨는 그리스도인인가, 아닌가를 의심하도록 한다. 이웃 사람들을 대하는 자세 역시 구별이 없다.

그러므로 하워드 헨드릭스Howard Hendricks 가 "구별된 그리스도인 가정이 서서히 사라지고 있는 것을 경계해야 한다."고 한 말에 주의를 기울여야 한다. 우리의 가정에 그리스도의 주님되심이 있어야 하고, 부모와 자녀가 함께 그의 다스리심을 받아야 할 문제에 대하여 심각하게 생각해 보아야 한다. 그래서 우리 가정에서 그리스도의 주님 되심이 회복되어야 한다. 아울러 주일학교에서는 주님의 말씀이 모든 삶의 영역에 적용되도록 돕는 역할에 헌신해야 한다.

우리가 아는대로 신명기 6:4 - 9의 내용은 모세가 이스라엘의 가정들에게 내린 명령이다. 이스라엘의 아버지들은 '들으라'로 표현된 이 말씀을 지키고 그대로 행해야 하였다. 그러면 이것에 대하여 하나님은 무어라고 말씀하실까? 이스라엘의 아버지들이 그렇게 했던 것처럼, 오늘의 부모들도 이를 지키고 따를 것을 하나님께서 바라시고 계신다. 하나님께서는 모세를 통해서 오늘의 아버지들에게 말씀하시는 것이다.

소요리문답의 해설에 따르면, 신명기 6:4 - 9의 내용은 부모들에게 두 가지의 의무를 주고 있다고 한다. 즉 부모 자신이 하나님을 사랑하는 것과 하나님의 말씀이 그 가정의 중심 자리에 위치하도록 자녀들을 가르치는 일이다.

- "너는 마음을 다하고 성품을 다하고 힘을 다하여 네 하나님 여호와를 사랑하라"(5절).
- "네 자녀에게 부지런히 가르치며 집에 앉았을 때에든지 길에 행할 때에든지 누웠을 때에든지 일어날 때에든지 이 말씀을 강론할 것이며"(7절).

부모가 해야 될 첫째 일은 하나님을 사랑하는 것이다. 부모는 자신의 인격을 쏟아 하나님을 사랑해야 한다. 이 사랑은 그의 말씀을 순종하는 것으로 구체적이 된다. 부모는 하나님의 말씀 곧 진리를 자신들의 삶에 적용시켜야 한다. 다시 말해서, 하나님과 관계된 삶을 살아야 한다. 그들이 하나님을 사랑하는 방법을 제시하는 것이 주일학교가 할 일이다.

이제, 부모가 해야 될 둘째 일은 자녀들에게 하나님의 말씀을 갖도록 주는 일이다. 즉 부모와 자녀가 그의 말씀을 나누어야 하는 일이다. 이 나눔은 '부지런히 가르치는 일'과 '이 말씀을 강론하는 일'로써 구체적이 된다.

그리스도인 부모들은 자신들의 하나님과의 관계를 자녀들과도 나누어야 한다. 아버지가 섬기는 하나님, 어머니가 순종하는 하나님의 말씀을 성경을 통해서 자녀들과 나누도록 해야 하는 것이다. 오늘날 우리는 아이들과 진리를 나누지 않는 부모를 자주 본다.

그러나 기억하라, 그리스도인 가정에서 부모를 대신할 역할이나 그 무엇에 대하여 하나님께서 허락하신 것이 없다는 사실이다. 부모, 곧 아버지와 어머니에게는 자녀를 하나님의 사람으로 양육할 책임이 있다. 그들이 하나님 앞에서 부모로서의 책임을 깨닫도록 돕는 것이 주일학교의 일이다.

2) 부모의 역할

부모가 자녀들을 보호하고, 믿음의 사람으로 키우기 위하여 해야 할 구체적인 일들은 무엇일까? 자녀에게 형성되어야 하는 삶의 형태가 부모의 삶에서 있어야 한다고 하워드 헨드릭스가 권면하고 있다: "자녀들로 경건하게 살고 싶은 의욕을 갖게 하기 위해서는 부모 자신이 경건한 방법으로 살아야만 한다." 참으로 옳은 지적이다. 주일학교에서는 부모가 경건하게 살아갈 수 있는 방법을 제시해 주어야 한다.

디모데의 칭찬받을 만한 믿음이 사실은 그의 외할머니와 그의 어머니에게 있었던 믿음이었다. 그래서 바울은 "이 믿음은 먼저 네 외조모 로이스와 네 어머니 유니게 속에 있더니 네 속에도 있는 줄을 확신하노라"(딤후 1:5하반절)고 하였던 것이다. 아이들은 부모의 말보다도 부모의 삶으로 배운다.

그러므로 자녀를 하나님의 인정받는 일꾼으로 키우기를 원하는 부모들은 그 자신의 삶이 교과서가 되도록 해야 한다. 삶을 통해서 가르쳐야 한다. 우리가 부모들에게 권면할 사실들은 다음과 같다.

- 기도하는 자녀를 원하는 부모에게는 그들이 먼저 기도의 사람이 되도록 돕는다.
- 찬송하는 자녀를 원하는 부모에게는 그들의 생활이 찬송 속에서 이루어지도록 돕는다.
- 부모가 말씀을 묵상하면서 지내도록 하여 자녀들도 말씀을 묵상하는 것에 즐거워하게 한다.

- 경건한 자녀를 원할 때도 먼저 부모의 삶이 경건해지기에 힘쓰도록 돕는다.

가정에서의 부모는 자녀들에게 미래에 대한 거울이다. 어린이(또는 청소년)들은 부모라는 거울을 보면서 버릇을 지니고, 삶의 태도가 갖추어진다. 따라서 우리는 가르치려고 입을 크게 벌리기보다는, 가르치고자 하는 대로 그렇게 살아야 한다. 가르치고 싶은 대로 살라! 당신의 가르침보다 당신의 삶이 앞서야 한다는 사실을 기억하는 부모야말로 자녀들을 제대로 키울 수 있다.

하나님께 대항하였던 프로이드Sigmund Freud 도 아이들이 "어머니와 아버지를 보면서 하나님을 느낀다."라고 하였다. 하나님의 사람으로 사는 부모의 가정에서 하나님의 사람으로 자라나는 자녀들을 볼 수 있다. 이것은 무엇을 뜻하는 말일까?

한 마디로, 부모의 생활이 자녀들에게 본보기가 된다는 사실이다. 부모는 자녀들에게 어떻게 살아야 하는가에 대한 본보기로써 '대답'이 되어 줄 수 있으며 안내자가 된다. 교사는 부모들이 그들의 가정에서 경건한 방법으로 상황들에 대처함으로써 자녀들에게 경건함을 가르칠 수 있도록 도와야 한다. 부모의 삶의 태도는 자녀들이 인격을 형성하는데 그대로 영향을 미친다. 자녀들의 미래를 보고 싶으면 지금의 부모를 보면 된다. 부모의 지금이 자녀들의 미래라고 말할 수 있다. 사진을 찍으면 피사체가 그대로 필름에 박히듯이, 지금 부모의 삶이 아이들의 마음에 박히게 되는 것이다.

3. 부모의 자질향상을 돕는 교사

부모교육의 중요성과 함께 그것이 필요한 근거를 몇 가지 측면에서 제시할 수 있다. 무엇보다도 바른 아동관을 정립하기 위하여 부모교육이 필요하며, 어린이(또는 청소년)들의 양육에 있어서는 부모의 참여가 필수적으로 요구된다는 점에서, 그리고 가정의 교육기능 약화와 대중매체의 기능 증대라는 사화변화의 양상에서 부모교육을 통한 바른 교육관의 확립이 필요하다.

주일학교의 사역은 가정에서의 기독교 양육이 반드시 병행되어야 한다. 가정환경은 어린이가 출생 이후에 접촉하게 되는 일차적인 환경으로서 인간의 초기경험을 이루는 생활환경이다. 이 환경을 중심으로 형성되는 그들의 기초경험이 그들의 발달과 신앙인격의 형성에 가장 중대한 영향을 미친다고 하는 연구결과들이 있다.

우리는 어린이(또는 청소년)의 성장에 긍정적으로 미치는 가정환경을 만들기 위한 정보를 부모들에게 제공해 주어야 한다. 이에, 주일마다 교사가 쓰는 한 장의 엽서에 부모를 코칭하는 내용의 글을 담을 수도 있다. 주일에 실시한 신앙교육의 내용과 일치하는 보충적인 자료로서 정보를 제공해주고, 가정에서 실시할 수 있는 교육자료를 제공해야 한다.

우리는 부모교육을 함으로써 가정에서의 자녀의 기독교적 양육을 위한 훈련을 도와줄 수 있다. 그들의 교육에 관한 부모들의 잘못된 견해를 바로 잡아주고, 자녀교육에 대한 올바른 지식을 제공해 주며, 부모들이 원하는 여러 가지 분야를 넓게 알 수 있도록 기회를 제공하며, 부모 자신의 위치와 역할을 바로 인식시킬 수 있게 된다.

부모가 지닌 영향력을 행사할 수 있도록 구체적으로 도와야할 다섯 가지의 기본 형태가 있다.

ㄱ. 모범이 됨 modeling

부모의 모범은 자녀의 삶에 큰 영향을 준다. 비록 완전하지 않아도 부족한 가운데서 자녀는 다른 사람들과 하나님을 사랑하며 살 수 있음을 알게 된다. 세부적이며 개방된 관계에서 자녀는 부모의 인생관, 가치관으로부터 도덕성과 가치기준을 배운다. 그러나 모범이 되는 것만으로는 자녀교육이 불충분하므로 다른 방법으로도 자녀교육을 해야한다.

ㄴ. 조정 control

오늘날에도 부모의 통제가 필요하다(잠 22:15, 엡 6:4). 통제를 할 때에는 일관된 행위를 통제하여야 한다. 말만으로 하는 통제는 무기력해진다. 예를 들어, 장난감을 치우라고 몇번이나 소리지르는 것은 한번 말하면서 치우는 것을 가르치는 것보다 못하다. 조정은 어떤 행위를 하도록 내버려 두어 부정적 결과로써 교훈을 줄 수도 있다.

체벌을 가하는 데는 심리학자가 말하는 다음의 원칙이 있어야 한다. 즉, 손으로 하지 말고 회초리 등 상처주지 않는 매개물로 체벌하되, 왜 체벌하는지 설명을 한 후에 공개적으로 하지 말고, 최후의 방법으로 해야 한다(잠 29:15). 그리고 박탈, 추방, 교정 등의 벌을 부과함으로써 통제할 수도 있다. 비난에 의한 통제, 부정적 결과에 의한 즉, 보강에 의한 행동수정으로도 통제할 수 있다.

이것은 유소년기의 어린이들에게 특히 효과가 있는데 여기에는 다음과 같은 단계가 있다.

- 특정한 행동은 지적해서 변화되어야 할 행동을 확인하라.
- 부모가 원하는 적극적인 행동을 확인하라. 예를 들어, 지각을 그만 하도록 하는 것보다 시간을 지키는데 초점을 두라.
- 바람직하지 못한 행동은 무시하라.
- 좋은 점은 인정하라.
- 바람직한 행동을 강화하라. 자녀가 부분적인 성취를 했을 때는 칭찬하면서 격려하라. 그리고 그것은 자만심을 키워주는 것이 아니라 확신을 갖도록 하는 것이어야 한다.

ㄷ. 의사소통 communication

부모와 자녀의 관계에 있어서 자신을 노출시켜 느낌을 나누며 부모의 행위 결과를 보게 하는 것은 중요하다. 자기 노출은 현실세계에 대하여 자녀로 하여금 알게 하며, 부모 - 자녀관계를 확립하기 때문이다. 그리고 들음으로써 흥미를 나누어야 한다. 부모가 자녀의 말을 듣기 싫어하는 것은 곧 치명적인 거부와 같다. 조심스럽게 듣고 완전히 들은 다음에 대답하는 것이 중요하다(잠 18:13).

하나님의 말씀을 어린이(또는 청소년)와 나눔으로써 의사소통을 하는 것도 중요하다. 이것은 성경에서 강조하는 부모의 영향의 가장 기본적인 것이다. 이것을 위해서는 교회와 가정 간의 유대관계가 필요하다.

ㄹ. 상호작용 interaction

가정에서 일어나는 주고 받는 모든 것을 포함한다. 부모는 자녀의 성장과정의 특징과 과제를 이해할 필요가 있다. 가사의 결정에 있어서 민주적으로 교통하며, 문제해결을 위해 문제에 대한 확인 · 분석 · 해결점 발견 · 해결방법의 선택 등 문제해결 과정에 있어서 자녀들이 동참하도록 한다. 또한 오락, 예배, 캠프 등의 상호작용은 가족의 관계를 증진시킨다.

ㅁ. 창조하는 경험 creating experiences

부모가 자녀의 경험의 장을 조절해야 한다. 베드로후서 1:5 - 7에서 기독교의 선을 찾아낼 수 있는데, 여기에 나타난 믿음, 선, 지식, 자기통제, 인내, 거룩함, 친절, 사랑 등을 경험의 장인 가정에서 어린이(또는 청소년)들이 성취할 수 있도록 도와주어야 한다.

결국, 가정은 가정교육에 있어서 근원적인 기관이 되어야 한다. 주일학교 공동체에서는 부모가 가정에서의 사명을 잘 감당하도록 부모훈련을 계획하고 진행하며, 평가해야 한다. 이제, 앞으로 한 인간의 인격성장과 건전한 가정 육성을 위해 부모교육의 정립과 함께 그에 따르는 실질적인 프로그램 개발이 시급하다.

4. 부모를 후원할 수 있는 프로그램

부모는 가르치기에 앞서 신중하게 체계적인, 효과적으로 그리고 계속적으로 배우는 사람이 되어야만 한다. 부모교육 담당자는 부모가 자녀교육에 임할 때 사용할 수 있는 충분한 자료와 기술을 제공해야 한다.

- 부모들이 자녀들을 기르는 방법과 이해하는 방법
- 부모들의 자녀양육을 위한 보충교육 프로그램
- 자녀양육의 성서적 원리

자료는 자녀를 기독교인으로 양육하는 부모의 안내자요 도구다. 그러나 자료가 안내 없이 부모의 손에 쥐어져서는 안 된다. 교회는 부모들이 이러한 자료를 가장 효율적으로 사용할 수 있도록 적절한 사전 지도를 해주어야 한다. 어린이(또는 청소년)가 교회라는 계약 공동체에 들어섰을 때 부모는 자녀의 파트너로, 가정교사로 새로운 임무를 감당하게 되며, 자녀양육에 있어서 재정적, 법적, 영적 책임을 계속 수행하게 된다. 이것이 부모가 교회의 교육 프로그램에 참여하고, 교육을 받아야 하는 이유다.

교회의 부모교육을 위한 프로그램은 주일학교의 교육부에서 사용되고 있는 교육과정과 맞추어 계획되어져야 할 것이다. 그들의 영적 성장을 위한 교육의 필요성은 성인들의 그것과 동일하다. 그러므로 미래부모와 현재부모 교육프로그램은 교회 전체의 교육정책을 수행하는 사람이 중요하게 생각해야 할 일이며, 아래와 같은 것들은 이를 위해 많은 도움이 될 것이다.

1) 정기 연구집회

설교나 성경연구 모임만 가지고는 효과적인 가정교육을 위한 부모교육이 충분하지 못하다. 부모의 기독교적 자녀 양육, 기술에 관한 연구는 매우 바람직한 모임이다. 연구할 수 있는 주제들로는 다음과 같은 것들이 있다.

① 성경 가르치기

성경을 어떻게 어린이(또는 청소년)들의 이해와 경험에 실감이 가는 책으로 가르칠 것인가 하는 문제다.

② 기도 가르치기

기도를 가르치는 것은 기독교 교육의 근본이다. 가정은 어린이(또는 청소년)가 기도 생활을 시작하는 안전한 처소이며, 규칙적인 기도의 습관은 기도의 내용을 실제 생활과 연결시켜 준다.

③ 가정예배

가정에서의 예배가 자녀들에게 의미 깊은 경험이 되도록 계획하고 실천하는 것은 용이한 일이 아니므로, 세심한 계획과 배려가 필요하다. 바쁜 일과 중에 온 식구가 가정예배를 드리는 것은 가정교육에 있어서 매우 중요하다.

④ 청지기 의식훈련

어린이(또는 청소년)들은 어려서부터 모든 것이 하나님께 속해 있다는 사실을 배워야 한다. 그들은 자신이 하나님의 청지기로 살아가야 한다는 의식을 가져야 하는 것이다. 가정에서 청지기 의식을 교육시키는데 필요한 실질적인 문제를 토의하며 지도할 수 있다.

⑤ 특정한 날

공휴일을 가정의 날, 가족의 밤, 가족잔치 family festival 로 설정하고 지키는 방법이다. 이는 가정을 연합시키는데 유효한 방법이다.

⑥ 가족회의

부모와 자녀의 관계를 형성하기 위해 가족회의도 바람직하다. 민주적 가족관계는 모든 구성원이 의사를 결정하는 과정에서 함께 하는 동등한 기회를 가지게 될 때, 가장 효과적으로 발전한다. 화제는 그들의 신앙, 가치 기준, 욕구, 불만, 계획, 제안 등이다. 비록, 자녀들이 어릴지라도 의사소통만 할 수 있다면 이와 같은 회의를 통해서 자녀들은 더욱 성장하며 구체적으로 참여할 수 있게 된다. 가족회의를 통해서 가정의 일들과 오락을 계획하며 불평과 적극적인 생각을 표현하며, 불화를 해결하며 여러 종류의 결정을 할 수 있다.

⑦ 가정통신문

교회는 자녀의 성장을 위한 보고서, 추천서, 기독교 가정과 자녀 등 가정의 성장발달에 도움이 될 자료들을 최소한 일년에 한 번이라도 보낸다.

5. 부모에게 보내는 교사의 엽서 예문

1) 평일의 엽서

○○○의 어머님께,

주님의 이름으로 인사드려요.

 오늘은 ○○○가 참 즐겁게 지냈어요. 분반활동 시간에는 서로 이야기를 하였는데, 아주 씩씩하게 이야기해 주었습니다. 자기가 학교에서 지내는 일에 자부심을 갖는 것처럼 보였고요. 공부도 잘 하리라 생각되었어요.

 오늘은 설교 시간에 이웃을 사랑하라는 말씀을 나누었어요. 우리가 사랑해야 하는 이웃 가운데 제일 가까운 사람이 있는데, 바로 부모임을 확실히 해주었습니다. 그래서 엄마와 아빠의 일을 거들어드리는 친구가 되라고 하였지요. 양말을 벗어 세탁기에 넣는 것이나 음료수를 마신 다음에는 컵을 꼭 씻어서 엎어두는 것 등을 하도록 했습니다.

 잘 보살펴 주시고, 가족의 일원으로서의 사회생활에 대한 조언도 해주시기 바랍니다. 저희는 ○○○가 하나님 앞에서 복되고, 건강한 사람으로 자라기를 바라고 있습니다.

 안녕히 계십시오.

　　　　　　　2010년 ○월 ○○일, 조경순 드림

2) 사순절의 엽서

사랑하는 ○○○의 부모님 보세요.

 지난 한 주간 동안에도 별일 없으셨지요? 오늘은 ○○○가 저를 기쁘게 해주었어요. 요절을 외웠는데 한 자도 틀리지 않았거든요. 발음도 똑똑하게 잘 외워주었어요. 요절을 암송하면 머리가 좋아집니다. 외우기를 하는 동안 머리를 쓰게 되니까요. 그리고 하나님의 말씀을 마음에 두면, 은혜가 됩니다.

 오늘부터 교회에서는 사순절 기간을 지켜요. 모든 어린이들이 날마다 정해진 성경을 읽고, 예수님에 대하여 생각해보는 시간을 갖기로 하였습니다. 그리고 주기도문을 따라서 하나님과 이웃사랑, 자기 자신을 위하여 기도하는 시간을 갖게 됩니다. 귀댁의 ○○○가 성경 읽기와 기도를 잘 하는지 살펴보아 주셨으면 합니다.

 참고로, 드릴 말씀은 부활절을 맞아하여 특별행사를 하게 됩니다. ○○○도 순서를 맡았어요. 어머니의 관심을 부탁드립니다. 안녕히 계세요.

　　　　　　　　　2010년 ○월 ○일, 조경순 드림

- 당부하는 이야기 -

출석부를 도고(중보)의 눈물로 적셔라

 고칠 수 없는 병으로 말미암아, 오래 동안 침대에 누워서 지내야만 하는 소녀가 있었다. 목사는 소녀에게 하나님께서 사랑해 주신다는 말을 들려주었다.
 "애야, 너는 주님을 위해서 다른 사람들이 하기 힘들어 하는 아주 귀한 일을 할 수 있단다. 너의 침대에서 기도를 드릴 수 있지 않니? 기도는 하나님을 기쁘시게 해드리는 일이야."
 목사는 소녀에게 기도할 것을 권면하고 돌아갔다. 목사는 교회로 돌아왔고, 그렇게 지내던 어느 날부터 이 마을에는 교회를 찾는 사람들이 늘어났다. 목사가 전도하기 위해서 특별히 사람들을 만나지 않았는데, 교회에 등록하는 이들이 많아진 것이다.

난치병의 소녀는 불치의 병을 견디다 못하여 숨겼다. 병원의 인부가 소녀의 시신을 들고 나간 다음에, 목사는 소녀의 베개 밑에서 종이쪽지를 보게 되었다.

"아니, 이럴 수가, 이 사람들은 모두?"

목사는 종이쪽지에 빼곡하게 쓰여 있는 쉰 여섯 명의 이름을 보자, 놀라지 않을 수 없었다. 소녀는 목사가 일러준 대로 기도로 말미암아 주님을 기쁘시게 해 온 것이다.

병든 소녀는 죽음 앞에서 쉰 여섯 사람들을 위해 기도하였고, 하나님께서는 기도 명단에 기록된 이들을 모두 구원받게 하셨다.

우리들이 쉴만한 틈도 없이 바쁘다는 것을 하나님도 아신다. 그러나 하루에 한 번이라도 좋으니 어린이(또는 청소년)들의 이름을 부르면서 그들을 위하여 기도해야 한다. 이로써 우리는 나에게 맡겨진 '양 떼의 형편을 살피며 소 떼에 마음을 두어야' 하는 거룩한 의무를 수행하게 된다.

이미, 우리는 주일의 오전에 그들을 만나는 것만으로는 만족할만한 사역을 기대할 수 없다는 사실도 알고 있다. 교사가 좀 더 부지런하기만 하면, 그들의 이름이 쓰인 출석부를 손에 쥐고 기도할 수 있다. 교사의 마음에 아이들이 있는 만큼 우리는 무릎을 꿇는 것을 기뻐하게 된다.

당장, 지난 주일에 결석하여 성경공부 모임에 참석하지 못한 지체가 궁

금하여 기도해야겠다는 마음을 먹었을 것이다. 그리고 지난 주일에 있었던 분반에서 감기에 걸려 모임이 끝날 때까지 코를 훌쩍거리던 지체가 있었음을 기억할 수 있다.

또한 좋은 사역자로서 그를 위하여 하나님 앞에서 무릎을 꿇고자 했을 것이다. 그렇다! 우리들이 진실로 사랑의 사역자들이라면 기도하게 된다.

우리가 그들의 이름을 불러가며 기도할 때, 어떤 일들이 일어나는가? 우리의 기도에 대한 응답으로 하나님께서 그들을 돌보아 주신다. 그러므로 하나님의 돌보심이 없는 어린이(또는 청소년)의 모습을 두려워하여 기도해야 한다. 그들을 마음에 품고, 오늘 하루도 하나님의 돌보심 속에서 그들이 살아가기를 소망하여 기도하자.